Diagnostische Verfahren

Diagnostische Verfahren
zur Überprüfung
der Lese-Rechtschreibleistungen,
der Mathematikleistungen,
der kognitiven Fähigkeiten und
der Erfassung von sozialem Verhalten
im Gruppen- oder Klassenverband.

Eine Zusammenstellung
verschiedener Verfahren
für Lehrkräfte.

Giselher Jäger

Umwelthinweis:
Alle bedruckten Materialien dieses Buches sind chlorfrei und umweltschonend.

1. Auflage 2008

Autor: Giselher Jäger

E.-C.-Baumann-Straße 5
95326 Kulmbach
www.didaktische-medien.de

Gesamtherstellung: Baumann Didaktische Medien GmbH & Co. KG
Titelfotografie: Tina Endres
Druck: F & W Mediencenter, Kienberg

ISBN 978-3-938727-20-1

Inhaltsverzeichnis

Vorwort

Es liegen inzwischen eine beachtliche Zahl von Testverfahren zur Erkennung der Leistungen von Schülern vor, die durch Beratungsfachkräfte durchgeführt werden. Nach der Beratungshilfe „Erfolgreich beraten!" durch Fragebogen, Checklisten und Screeningverfahren soll die vorliegende Zusammenstellung verschiedener Verfahren die Lehrkräfte befähigen, die Ergebnisse der Schüler durch Prozentränge, T-Werte oder Einschätzsskalen objektiver beurteilen zu können.
Der Leistungsstand und der Vergleich mit den Leistungen anderer Schüler in der gleichen Jahrgangsstufe soll möglichst frühzeitig festgestellt werden. Die Grundfertigkeiten Lesen, Rechtschreiben, Rechnen sollen bei Erkennen von Defiziten oder besonderen Leistungen frühzeitig durch entsprechende Maßnahmen gefördert werden. Die Beurteilung der Persönlichkeit ist dabei einzubeziehen. Dies war Anlass, mit der Auswahl der Verfahren die Entwicklung der Fertigkeiten über mehrere Klassenstufen zu erfassen und damit individuelle Leistungssteigerungen zu erkennen. Die Leistungen der Schüler werden ökonomisch, auch im Gruppen- oder im Klassenverband in kurzer Zeit erfasst. Die Lehrkräfte können damit in Zusammenarbeit mit den Beratungsfachkräften diese entlasten und rechtzeitig entsprechende Maßnahmen einleiten.
Lehrkräfte haben viele positive, aber auch belastende Erlebnisse in ihrer pädagogischen Arbeit. Es ist aber immer wieder bedrückend, dass es einige Schüler gibt, denen es trotz aller Anstrengungen nicht gelingen will, die angestrebten Lernziele zu erreichen.
Zu Problemen werden Leistungsvergleiche immer dann, wenn stark unterschiedliche Lernergebnisse auftreten. Die Verantwortung der Lehrkräfte ist deshalb groß, alle Schüler entsprechend zu fördern. Der Erfolg des Lernens erfährt hier wichtige Weichenstellungen. In einigen Fällen gelingt es der Lehrkraft gemeinsam mit Eltern und dem Schüler schulische Schwierigkeiten zu überwinden. Es gibt aber wieder Schüler, bei denen es trotz intensiver Bemühungen nicht gelingt, auf die Dauer erfolgreich zu lernen. Bedrückend sind schulische Misserfolge deshalb, weil sie sich trotz erheblicher Anstrengung nicht beheben lassen und sich diese bei Schuleintritt nicht angekündigt haben.
Das Anliegen dieser diagnostischen Zusammenstellung ist es, dass durch frühes Erkennen der Probleme kein Schüler in eine belastende Dauersituation gerät. Der Autor hatte in seiner beruflichen Tätigkeit mit vielen Schülern zu tun, die große Schwierigkeiten in ihrer Schulzeit hatten. Man erfährt dabei die Betroffenheit oder Gleichgültigkeit der Eltern, das vergebliche Suchen der Lehrkraft nach Lösungen und die Hilflosigkeit der in ihrem Selbstwertgefühl erschütterten Schüler.
Eine Förderung darf nicht nur Beschäftigung sein. Daher muss frühzeitig eine entsprechende Diagnostik durchgeführt werden. Bei Schwierigkeiten können soziale, psychische, kognitive, familiäre etc. Ursachen verantwortlich sein. Diese gilt es herauszufinden. Die Lehrkräfte können durch eine frühzeitige Diagnostik erheblich zum Gelingen einer gezielten Förderung beitragen. Beratungsfachkräfte können dann bei besonders schwierigen Fällen herangezogen werden.

Hof, im April 2008 Giselher Jäger

Einleitung

Erfassung von Lese-Rechtschreibleistungen

Lese-Rechtschreibschwierigkeiten werden im deutschen Sprachraum meist unter dem Begriff „Legasthenie" thematisiert, der auf den Budapester Neurologen Paul Ranschburg (1916) zurückgeht. In der kinderpsychiatrischen Forschungsliteratur wird gerne auf die Bezeichnung Lese-Rechtschreib-Störung (LRS) zurückgegriffen. In der angloamerikanischen Literatur werden hingegen eher die Begriffe „dyslexia" oder „reading disability" verwendet.

Für die Diagnosestellung der „Legasthenie" spielen standardisierte Tests für Lesegenauigkeit oder Leseverständnis eine zentrale Rolle (vgl. die Kriterien nach ICD-10).

Im deutschen Sprachraum sind lange Zeit nur standardisierte Rechtschreibtests verwendet worden. Die Gründe hierfür lagen auch in der fehlenden Verfügbarkeit standardisierter und ökonomischer Lesetestverfahren.

Erst in den letzten Jahren hat sich dies durch die Veröffentlichung einschlägiger Einzel- und Gruppenlesetests geändert.

Die Merkmale der phonologischen Informationsverarbeitung sind in vorher kaum geahntem Ausmaß für den erfolgreichen Schriftspracherwerb von Bedeutung.

Da sind zum einen die Bemühungen um eine *Frühdiagnostik*. Hier besteht die Grundidee darin, bereits vor Beginn des formellen Schriftspracherwerbs Risikokinder im Bereich des Lesens und Rechtschreibens zu identifizieren.

Mit dem Bielefelder Screening liegt seit einigen Jahren ein geeignetes Maß zur Früherkennung von Risikokindern vor, das bereits vor der Einschulung durchgeführt werden soll.

Gesucht wurde nach vorschulischen Merkmalskonstellationen, die mit hoher Wahrscheinlichkeit im Individualfall zur richtigen Entscheidung führen (kommt es zum Auftreten von LRS oder nicht). Mit dem Bielefelder Screening verfügen wir mittlerweile über ein sehr klassifikationsstabiles Instrument zur Frühdiagnostik von Lese-Rechtschreibschwierigkeiten.

Eine weitere Entwicklung der Lese-Rechtschreibdiagnostik lässt sich mit dem Schlagwort *Förderdiagnostik* charakterisieren. Sind die Kinder bereits in der Schule und haben eine Zeit der Unterweisung in Lesen und Schreiben hinter sich, dann lässt sich im Unterschied zur Frühdiagnostik relativ direkt der schriftsprachliche Leistungsstand erfassen. Die Frage zu beantworten, ob ein Kind Lese-Rechtschreibschwierigkeiten hat oder nicht, stellt dann kein großes Problem mehr dar. Problematischer ist jedoch eine Antwort auf die von Eltern und Lehrkräften immer wieder gestellte Frage, was man denn machen könne, um den betroffenen Kindern zu helfen, ihre Lese-Rechtschreibschwierigkeiten zu überwinden.

Da Lese-Rechtschreibprobleme nicht immer auf die gleichen Ursachen zurückgeführt werden können und die Fehlerschwerpunkte unterschiedlich sind, ist bei Eltern und Erziehern der Wunsch nach gezielten Empfehlungen und Hinweisen darauf, was genau wie mit den betroffenen Kindern geübt werden soll, sehr stark ausgeprägt.

Mit dem Salzburger Lese- und Rechtschreibtest liegt seit wenigen Jahren im deutschen Sprachraum ein förderdiagnostisches Verfahren für das Grundschulalter vor. Mithilfe dieses Tests können vor allem die Probleme in den grundlegenden Lese- und Rechtschreibfertigkeiten auf der Wortebene erkannt werden.

Es lässt sich in der Folge eine Entscheidung darüber treffen, welche Aspekte bewährter Trainingsprogramme (etwa die Verfahren von Kossow, 1979, oder Reuter-Liehr, 1992, Marburger Rechtschreibtraining, 2001) zum Einsatz kommen können.

Der Gruppenlesetest „Knuspels Leseaufgaben" ist ein ökonomisches Differentialdiagnostikum, dem ein spezifisches Leselernmodell zugrunde liegt, das neben den grundlegenden Lesefertigkeiten auch das Hör- und Leseverstehen einbezieht und deren intakte oder gestörte Interaktionen verdeutlicht. Der Test besitzt für den gesamten Grundschulbereich klassenstufenspezifische Bezugsnormen sowie klassenstufenübergreifende Entwicklungsnormen.

Der Gruppenlesetest „Würzburger Leise Leseprobe" konzentriert sich auf die sehr ökonomische Erfassung der basalen Komponente Wortlesegeschwindigkeit für die Klassenstufen 1 bis 4 und erlaubt als Grobsiebverfahren (Screening) leistungsschwächere Schulkinder im Klassenverband herauszufiltern.

Aber auch konkrete Testverfahren für eine grundlagenwissenschaftlich fundierte Differentialdiagnostik der Lese-Rechtschreibschwierigkeiten befinden sich gegenwärtig in der Entwicklung. So wird z. B. aktuell an Testverfahren zur Diagnose der phonologischen Bewusstheit im Schulalter sowie an den Möglichkeiten zur Erfassung der Verarbeitungsqualität des phonetischen Speichers im Arbeitsgedächtnis über das Paradigma des Kunstwörter-Nachsprechens intensiv gearbeitet.

Frühe Maßnahmen sind erforderlich und am ehesten umsetzbar, wenn eine rechtzeitige Diagnostik die Lese-Rechtschreibschwierigkeiten deutlich aufzeigt. Abgesehen davon, dass in diesem Schulsegment Anspruch und Realität auseinander klaffen, wird hier neben einer Intensivierung der Forschung auch eine Alternative zur bisherigen Förderpraxis erörtert. Daher müssen Lehrkräfte mit Verfahren ökonomisch im Klassenverband arbeiten können, bevor Beratungslehrkräfte oder Schulpsychologen die genannten Verfahren zu einer genaueren Diagnostik einsetzen. Es gilt eine zu lange Beratungszeit von einem Verdacht zu einer Förderung wegen Arbeitsüberlastung der Beratungsfachkräfte erheblich zu verkürzen.

Angesichts der vielen Probleme und des langen Leidenswegs von Kindern mit Lese-Rechtschreibschwierigkeiten wäre es sicherlich ideal, die spezifischen Defizite dieser Kinder so frühzeitig festzustellen, dass noch vor Schuleintritt oder gleich zu Beginn der Schulzeit derart effizient geholfen werden könnte, dass sich das Problem der Lese-Rechtschreibschwäche später nicht mehr stellt.

Die vorliegenden Verfahren sollen vor allem die Lehrkräfte befähigen, frühzeitig Probleme in ihrer Klasse zu erkennen. Vergleichswerte (Prozentränge) erleichtern die Einordnung der Leistungsfähigkeit einer Klasse. Aus Gründen der Verständlichkeit wurde auf ausführliche testtheoretische Hintergründe verzichtet. Der Verfasser beschränkte sich daher auf das Wesentliche, um Lehrkräften ohne größere testdiagnostische Kenntnisse ihre Arbeit zu erleichtern. Er konnte in seiner Beratertätigkeit diese Verfahren in Zusammenarbeit mit den Lehrkräften erfolgreich einsetzen und rechtzeitig Problemfälle erkennen.

Im Vordergrund steht daher die Testökonomie und die Anwendung im Klassenverband.

Einführung und Übersicht

Standardisierte Testverfahren zur Diagnostik der Lese-Rechtschreibleistungen, der Intelligenz und der Mathematikleistungen

1. Lesetests

Für den deutschen Sprachraum liegt eine beachtliche Anzahl aktueller Lesetests vor. Überwiegend sind die Testverfahren zur Erfassung der Leseleistung nur für die Grundschule geeignet. Die Tabelle 1 zeigt eine Übersicht über Lesetests der Kategorie 1 (Normen nicht älter als 10 Jahre), soweit sie über die Testzentrale zu beziehen sind.

Die meisten im Handel vorliegenden Lesetests wurden schon vor Jahrzehnten entwickelt und sind daher nicht auf den neuesten Stand im Hinblick auf Wortmaterial und Normierungsdaten. Man findet kaum Verfahren, die eine ökonomische Durchführung zur Erfassung der Leseleistung erlauben, was Zeit und Anzahl der Schüler betrifft.

Außerdem können die meisten Verfahren nur durch Schulpsychologen oder ausgebildete Beratungslehrkräfte durchgeführt werden.

Das vorliegende Verfahren überwindet diese Mängel, weil es in kurzer Zeit, im Gruppen- oder Klassenverband und von Lehrkräften ohne besondere diagnostische Kenntnisse durchgeführt werden kann.

Es werden kurz die standardisierten Verfahren gewürdigt:

- Der *SLRT (Salzburger Lese -und Rechtschreibtest)* stellt einen klassischen Lesetest dar, bei dem Listen von Wörtern und Pseudowörtern, sowie Texte gelesen werden müssen. Das Hauptkriterium ist dabei die Lesezeit, für die Zahl der Lesefehler gibt es keine genauen Normen. Der SLRT ist der einzige aktuelle Lesetest, der nicht als Gruppentest durchgeführt werden kann. Er hat den Nachteil, dass die Normtabellen jeweils auf einen langen Zeitraum (die ganze dritte bzw. vierte Klasse) anzuwenden sind, so dass hier mit Ungenauigkeiten wegen der großen Zeitfenster zu rechnen ist. Er zeigt aber sehr gut individuelle Probleme im Leseprozess auf.
- Der *HAMLET 3–4* zerfällt in einen Wortlese- und einen Leseverständnis-Teil. Dieses Verfahren ist deutlich aufwendiger (Durchführungszeit zwei Schulstunden).
- Bei *KNUSPEL-L* handelt es sich nur zum Teil um einen Lesetest. Das Verfahren besteht aus vier Untertests, von denen sich drei mit Lesen im weiteren Sinn befassen. Die Untertests 2 und 3 erfassen auch sehr stark phonologische Fertigkeiten bzw. den passiven Wortschatz, und Untertest 1 schließlich hat mit Lesen nichts zu tun (Ausführen mündlicher Anweisungen). Es handelt sich bei diesem Verfahren also jedenfalls nicht um einen klassischen Lesetest wie z. B. den SLRT.
- Die WLLP (Würzburger Leise Leseprobe) schließlich ist ein sehr kurzes Verfahren, das jeweils am Schuljahresende als orientierender Lesetest eingesetzt werden kann. Sie ist ökonomisch für den gesamten Grundschulbereich einsetzbar. Die WLLP dient zur Überprüfung der Lesegeschwindigkeit und stellt somit ein zuverlässiges Maß für die Erfassung der Leseleistung dar.
- Der *Zürcher Lesetest (ZLT)* ist zwar 2000 (2.–6. Klassen) neu herausgekommen, er enthält aber immer noch die alten Normen (1967–81).
  Von einer Anwendung ist daher dringend abzuraten.
  Ebenfalls veraltet ist der DLF (Diagnostische Lesetest) 1–2 mit den Normen von 1984.

Abkürzung	*Name*	*Anwendungszeiträume (KS = Klassenstufe)*	*Norm*	*Gruppen-Test*
HAMLET 3-4	Hamburger Lesetest für 3. und 4. Klassen	Ende 3. KS und Ende 4. KS	2006	ja
KNUSPEL-L	Knuspels Leseaufgaben	Ende 1. KS, jeweils Mitte und Ende 2. bis 4. KS	1998	ja
SLRT	Salzburger Lese- und Rechtschreibtest	2. Halbjahr 1. KS, 1. Halbjahr 2. KS, 2. Halbjahr 2. KS, 3.KS, 3. KS	1997	nein
WLLP	Würzburger Leise Leseprobe	Jeweils letzte 2 Monate der KS 1–4	1998	ja

Tabelle 1: Übersicht über aktuelle Lesetests (Normen nicht älter als 10 Jahre)

Empfehlung
Normierung maximal 10 Jahre alt. Diese Tests können uneingeschränkt empfohlen werden. Sie werden mit den wichtigsten Eigenschaften und Parametern hier dargestellt.

Normierung älter als 10 Jahre, aber nicht älter als 15 Jahre. Diese Tests werden erwähnt, sie sollten aber nur mit Vorsicht interpretiert werden.

Normierung älter als 15 Jahre: Von der Anwendung dieser Tests ist generell abzuraten.

Aus Gründen der Übersichtlichkeit wird bei der Nennung eines bestimmten Tests nicht immer die Literaturreferenz genannt. Alle im Text erwähnten Tests sind aber im Literaturverzeichnis aufgeführt.

2. Rechtschreibtests
Berücksichtigt wurden alle bei der Testzentrale (www.testzentrale.de) verfügbaren Rechtschreibtests. Allgemeine Schulleistungstests wurden nicht aufgenommen. Tabelle 2 listet alle Verfahren mit maximal 10 Jahre alten Normen. Es handelt sich bei allen Verfahren in Tabelle 2 um Lückendiktate, bis auf die HSP, die auch noch jeweils einen Teil enthalten, bei denen einzelne Wörter ohne Satzzusammenhang diktiert werden.

Bei allen Tests handelt es sich um Gruppentests, d.h. sie können mit einer Gruppe bzw. Klasse von Kindern gleichzeitig durchgeführt werden.

Die Verfahren (z.B. DRT 2) sind inzwischen überarbeitet und liegen in aktueller Normierung vor. Es sollte darauf geachtet werden, dass die jeweils aktuelle Version eines Tests verwendet wird.

Bei den Anwendungszeiträumen ist teilweise von Schulwochen die Rede. Dies sind die Wochen, in denen Unterricht stattfindet (d.h. Ferien zählen nicht mit), beginnend mit dem Start eines Schuljahres in der zweiten Hälfte des Kalenderjahres. Es gibt daher 40 Schulwochen. Welche Schulwoche einer bestimmten Kalenderwoche entspricht, muss jeweils anhand des Schuljahresbeginns und anhand der Ferientermine bestimmt werden.

Alle Tests ermöglichen die quantitative Auswertung, d.h. es wird anhand der Zahl der Richtig- bzw. Falschschreibungen ein Rohwert ermittelt, der dann einem Normwert zugeordnet werden kann.

Zum Teil bieten die Tests Normen für Kinder anderer Muttersprache oder andere Subgruppen. Zur Diagnostik sollte aber immer die jeweils zutreffende Alters- bzw. Schulklassengesamtnorm verwendet werden. Die Angaben zur Normgruppengröße in Tabelle 2 beziehen sich jeweils auf diese Gesamtnormen.

Wenn Tests als Anwendungszeitraum das Ende des einen und den Anfang des nächsten Schuljahres angeben, so unterscheiden sich diese Tests darin, ob diese Zeiträume getrennt normiert sind.

Die Hamburger Schreibprobe (HSP) stellt hinsichtlich verschiedener Punkte einen Sonderfall dar. Insbesondere die Normierung ist Gegenstand von Diskussionen. May selbst schränkt im Handbuch die Gültigkeit ein, indem er ausdrücklich anmerkt, dass die Normen nicht als Eichung im klassischen Sinne zu verstehen sind. Generell entstand bei vielen Anwendern der Eindruck, dass die HSP um ca. 5 T-Punkte zu leicht ist, dass also die Prozentränge bzw. T-Werte zu hoch ausfallen. Inzwischen liegt eine Neunormierung vor.
Der Salzburger Lese-Rechtschreibtest (SLRT) stellt für den Rechtschreibteil nur sehr grobe Normen (Prozentrangbänder) zur Verfügung, und soll daher mit Vorsicht interpretiert werden.
Tests der Kategorie 2 (Normierungsalter 11–15 Jahre) sind: DRT 1, WRT 3+ und GRT 4+. Diese sollten sehr zurückhaltend angewendet werden.
Tests der Kategorie 3 (Normierung älter als 15 Jahre) sind: TGR 1/2, RST 6-7, RST8+ und M-R-T (Mannheimer Rechtschreibtest). Diese sollten nicht mehr verwendet werden.
Tabelle 2 enthält alle Rechtschreibtests der Kategorie 1 (Normierung höchstens 10 Jahre alt) in alphabetischer Reihenfolge. Wenn der Normierungszeitraum nur zum Teil in dieses Fenster fällt, so wurden die Tests trotzdem aufgenommen (z. B. HSP). Anhand von Tabelle 1 kann für einen bestimmten Testzeitpunkt (definiert als Schulwoche in einer bestimmten Klassenstufe) der geeignete Test herausgesucht werden. Die Angaben zum Anwendungszeitraum aus den Handbüchern mussten jeweils in Schulwochen umgerechnet werden, was nicht immer präzise möglich ist („6. und 7. Schulmonat" lässt sich z. B. ohne genaue Ferientermine nicht in Schulwochen umrechnen). Die Testzeiträume in Tab. 1 sind daher teilweise nicht bis auf eine Woche genau. RST und R-T wurden nicht in die Übersicht (Tab. 1) aufgenommen, da sie nach Lebensalter und nicht nach Klassenstufe normiert sind. Sie sind aber ab Klassenstufe 8 oder 9 ggf. der HSP 5–9 vorzuziehen.
Wie man sieht sind die Testlücken (d. h. Zeiträume, für die es keinen aktuellen Rechtschreibtest gibt) insbesondere in den höheren Klassenstufen groß.

Kürzel	*Name*	*Anwendungszeiträume (KS = Klassenstufe, UW = Unterrichtswoche)*	*Norm*
DRT 1	Diagnostischer Rechtschreibtest für 1. Klassen	Ende der 1.Klasse	2003
DRT 2	Diagnostischer Rechtschreibtest für 2. Klassen	Letzte 2 Monate zweite und erste 2 Monate dritte KS	2003
DRT 3	Diagnostischer Rechtschreibtest für 3. Klassen	Letzte 4 Monate dritte und erste 3 Monate vierte KS	2003
DRT 4	Diagnostischer Rechtschreibtest für 4. Klassen	Oktober – Januar der vierten Klasse	2003
DRT 5	Diagnostischer Rechtschreibtest für 5. Klassen	Oktober – Januar der fünften Klasse	2003
HSP1-9	Hamburger Schreib-Probe 1–9	Mitte der 1.bis Ende der 9.Klasse	2002
RST-NRR	Rechtschreibtest – Neue Rechtschreibregelung	Alter <14 – >20 Jahre (letzte zwei Abschlussklassen), für Altersgruppen und Schulformen getrennt, 14–60 Jahre	2005
RT	Rechtschreibungstest	15–30 Jahre	2004
WRT 1+	Weingartener Grundwortschatz Rechtschreib-Test für erste und zweite Klassen	30.–40. UW der ersten, 2.–14. UW der zweiten und 15.–27. UW der zweiten KS	2007
WRT 2+	Weingartener Grundwortschatz Rechtschreib-Test für zweite und dritte Klassen	30.–40. UW der zweiten, 2.–6. UW der dritten und 7.–20. UW der dritten KS	2007

WRT 3+	Weingartener Grundwortschatz Rechtschreib-Test für dritte und vierte Klassen	letze 3 Monate der 3. Klasse und erste 3 Monate der 4. Klasse	2007
WRT 4+	Weingartener Grundwortschatz Rechtschreib-Test für vierte und fünfte Klassen	letze 3 Monate der 4. Klasse und erste 3 Monate der 5. Klasse	2007

Tabelle 2: Übersicht über aktuelle Rechtschreibtests (Normen nicht älter als 10 Jahre)

3. Intelligenztests

Es werden lediglich die gängigsten Intelligenztests kurz vorgestellt. Die Erfassung der Intelligenz ist nötig, wenn eine Diagnose nach ICD-10 (Dilling, Mombour und Schmidt 1991) gestellt werden soll.
Dabei ist zu empfehlen, dass ein sprachfreies Intelligenzmaß verwendet wird, da die Intelligenz von Kindern mit Lese-Rechtschreibstörung sonst möglicherweise unterschätzt wird. Als sprachfreie Intelligenztests werden sehr häufig CFT 1 und CFT 20 verwendet. Diese sind allerdings aufgrund ihrer Kürze eher als Screening-Instrumente zu empfehlen. Beim CFT 1 gibt es außerdem das Problem, dass drei der fünf Untertests weniger Intelligenz im engeren Sinne, sondern visuo-motorische und visuelle Fähigkeiten sowie Aufmerksamkeit messen. Eher zu empfehlen sind da ausführlichere Verfahren wie HAWIK-III und K-ABC. Leider sind die Normen der K-ABC mittlerweile auch schon etwas veraltet. Bei beiden Verfahren sollte ggf. nicht der Gesamtwert, sondern der sprachfreie Teil als Intelligenzmaß verwendet werden (K-ABC: Nonverbale Skala NV, HAWIK-III: Handlungs-IQ).

Kürzel	*Name*	*Anwendungszeiträume*	*Norm*
CFT 1	Grundintelligenztest Skala 1	5; 6 Jahre – 9; 5 Jahre	1997
CFT 20	Grundintelligenztest Skala 2	8; 7 Jahre – 18; 0 Jahre sowie 20–>60 Jahre	1998 und 2001
HAWIK-III	Hamburg-Wechsler-Intelligenztest für Kinder	6; 4 Jahre – 16; 11 Jahre (Vierteljahresfenster)	2000
K-ABC	Kaufman-Assessment Battery for Children	2; 6 Jahre – 12; 5 Jahre (Vierteljahresfenster)	2001

Tabelle 3: Übersicht über gängige Intelligenztests

4. Mathematiktests

Es werden neuere Mathematiktests vorgestellt

Kürzel	*Name*	*Anwendungszeiträume*	*Norm*
DEMAT 1+	Deutscher Mathematiktest für 1. Klassen	Ende 1. und Anfang der 2. Klasse	2002
DEMAT 2+	Deutscher Mathematiktest für 2. Klassen	Ende 2. und Anfang der 3. Klasse	2004
DEMAT 3+	Deutscher Mathematiktest für 3. Klassen	Die letzten sechs Wochen der 3. Klasse und die ersten 6 Wochen der 4. Klasse	2004
DEMAT 4	Deutscher Mathematiktest für 4. Klassen	In den drei Wochen vor und nach dem Halbjahreswechsel der 4. Klasse bzw.6 Wochen vor Ende der 4. Klasse	2006
HRT 1-4	Heidelberger Rechentest für 1. bis 4. Klassen	Erfassung mathematischer Grundkenntnisse	2005
Zareki	Zahlenverarbeitung und Rechnen bei Kindern	Altersgruppe: 7;6 – 10;11 Jahre	2001

Tabelle 4: Übersicht über aktuelle Mathematiktests

1. Lesetest für die Klassen 1 – 4

Vorbemerkung

Die auf dem Markt befindlichen Lesetests sind entweder sehr teuer oder sie bringen einen hohen Zeitaufwand mit sich, weil sie als Einzeltests konzipiert sind. Der vorliegende Test steht kostenfrei zur Verfügung.

Die dargestellten Vergleichstabellen mit Prozenträngen ermöglichen bereits eine objektive Einordnung des Leistungsstandes der eigenen Klasse.

Im Zuge der Diskussion um Qualitätssicherung in der Schule haben standardisierte Tests an Bedeutung gewonnen. Die Ergebnisse der PISA – Studie zeigen die Notwendigkeit einer ständigen Überprüfung der Leseleistung. Im Grundschulbereich ist das Einhalten von Mindeststandards zu gewährleisten.

Da im Regelfall davon auszugehen ist, dass jede Lehrkraft glaubt, seine Klasse optimal zu fördern, ist es erforderlich, einen wenigstens groben Einordnungsrahmen zur Verfügung zu stellen, mit dessen Hilfe eine Objektivierung der Leistungsbeurteilung möglich wird. Geschieht dies mit normierten Verfahren, entfallen die negativen Begleiterscheinungen externer Evaluierung. Jeder kann an Hand der Normtabellen für sich überprüfen, wo die eigene Klasse steht.

Andere Verfahren sind gezielt für den Unterrichtsalltag entwickelt worden, werden aber nur deshalb begrenzt eingesetzt, weil sie als Einzeltest einen hohen zeitlichen und organisatorischen Aufwand erfordern. (Hamburger Leseprobe, Vorleseproben Biglmaier) Einige neuere Gruppenlesetests (Knuspel – Leseaufgaben, WLLP) entsprechen durchaus arbeitsökonomischen Gesichtspunkten, sind aber für den regelmäßigen Einsatz teuer und werden in der Regel nur von Beratungsfachkräften durchgeführt.

Der vorliegende Lesetest unterscheidet sich von den anderen Verfahren also zunächst durch seine Ökonomie, die sich in niedrigen Kosten, rascher Testdurchführung im Gruppenverfahren und einfacher Auswertung darstellt. Er kann auch von Lehrkräften durchgeführt werden, die über keine große testdiagnostische Ausbildung verfügen.

Andere standardisierte Testverfahren dürfen nur von Schulpsychologen oder besonders ausgebildeten Beratungslehrkräften eingesetzt werden.

Der hier vorliegende Test setzt den Abschluss des Leselehrgangs voraus, kann demnach sinnvoll frühestens am Ende des ersten Schuljahrs eingesetzt werden.

Der Wörtertest umfasst einen größeren Bereich von Leseprozessen.

Es werden jeweils Sätze vorgegeben, in die ein Wort eingebaut wurde, das nicht dorthin gehört und das als nicht zugehörend identifiziert werden muss.

Dieser Test erfasst also in hohem Maße wirklichkeitsnah umfassende Leseprozesse. Lediglich das Abspeichern des erfassten Inhalts und das Schlussfolgern aus dem Gelesenen wird durch das verwendete Verfahren nicht überprüft. Die extrem günstige Ökonomie des Einsatzes dürfte jedoch diesen Nachteil mehr als wettmachen.

1. Die Durchführung des Wörter-Lesetests

1.1 Testblätter

Nur um Erstklässler mit der Fülle der Sätze nicht unter Druck zu setzen, wird für diese Klasse ein stark verkürztes Aufgabenblatt angeboten. Für die Klassen 2 bis 4 wird ein identisches Blatt verwendet. Den Kindern wird lediglich unterschiedlich viel Zeit gegeben: 2. Klasse 6 Minuten, 3. Klasse 5 Minuten, 4. Klasse 4 Minuten. Der Test steht in Pseudo-Parallelformen zur Verfügung, die die gleichen Aufgaben enthalten, nur in unterschiedlicher Reihenfolge. Dadurch wird ein das Ergebnis verfälschendes Abgucken beim Nachbarn erschwert.

1.2 Testzeitraum

Zum Zweck des klasseninternen Leistungsvergleichs oder des Aufdeckens deutlicher Leistungsrückstände kann der Test jederzeit ab Ende der 1. Klasse eingesetzt werden. Um die Vergleichstabellen einsetzen zu können, muss aber ein einheitlicher Zeitraum eingehalten werden. In Frage kommen hierfür die letzten vier Wochen eines Schuljahrs. Eine allzu häufige Durchführung des gleichen Tests ist wegen des Übungseffekts wenig sinnvoll.

1.3 Vorbereitung

Die Testblätter in den Formen A und B sind in der erforderlichen Anzahl beidseitig zu kopieren. Kinder, die nebeneinander sitzen, sollen nicht die gleiche Form erhalten. Wurden die Personendaten vom Testleiter bereits eingetragen, entfällt der entsprechende Abschnitt der Anweisungen. Die Kinder erhalten die Blätter mit der Titelseite oben. Es sollte darauf geachtet werden, dass die Seite erst dann umgedreht wird, wenn die Lehrkraft die Anweisung dazu erteilt. Jeder Schüler benötigt neben den Testblättern zwei Stifte. Radiergummis sollen nicht verwendet werden. Der Testleiter hat eine Stoppuhr.

1.4 Durchführungsdauer

Es handelt sich um einen Gruppentest. Einschließlich Einweisung dauert die Durchführung je nach Klassenstufe 10 bis 15 Minuten. Auch die Auswertung erfordert nur einen geringen Zeitaufwand.
Die Einführungs- und Übungsphase dauert ca. 5 bis 8 Minuten. Die Testzeiten selbst unterscheiden sich je nach Klassenstufe.
Die reinen Testzeiten sollen genau eingehalten werden.

Die Testzeit beträgt:		
	Ende der 1. Klasse	10 Minuten
	Ende der 2. Klasse	6 Minuten
	Ende der 3. Klasse	5 Minuten
	Ende der 4. Klasse	4 Minuten

1.5 Anweisungen

Damit der Test vergleichbare Ergebnisse liefern kann, müssen Durchführung und Auswertung unter gleichen Bedingungen stattfinden. Der Testleiter sollte sich deshalb an den Wortlaut der Anweisungen halten.
Wir wollen zusammen ein Lesespiel machen. Damit ich sehen kann, wie gut jeder von euch lesen kann, hat euer Nachbar andere Aufgaben als ihr. Zunächst sollt ihr euren Namen, eure Klasse und das heutige Datum (Tafelanschrift) eintragen. Außerdem sollt ihr ankreuzen, ob ihr ein Junge oder ein Mädchen seid. Sonst schreibt ihr bitte nichts.
Der Testleiter achtet darauf, dass nicht umgeblättert wird.
Ihr müsst nun sehr genau auf das hören, was ich sage, weil ich jede Anweisung nur einmal vorlesen werde. In Satz A habe ich euch vorgemacht, um was es bei den Aufgaben geht. Wer liest einmal den ganzen Satz mit dem durchgestrichenen Wort vor?
Der Testleiter wiederholt: *Ich kann gut Name lesen.*
Dieser Satz ergibt keinen richtigen Sinn, weil ein Wort zuviel enthalten ist.
Ein Wort passt nicht in den Satz. Welches Wort ist das?

Bei richtiger Lösung: *richtig. Das Wort Name ist falsch. Deshalb habe ich es auch durchgestrichen. Ohne das Wort Name lautet der Satz „Ich kann gut lesen“. Das ist ein sinnvoller Satz.*

Nennt das aufgerufene Kind ein anderes Wort, sagt der Testleiter den Satz ohne das genannte Wort.
Du siehst, das gibt auch keinen Sinn. Das Wort Name ist falsch. Deshalb habe ich es auch durchgestrichen. Ohne das Wort Name lautet der Satz „Ich kann gut lesen". Das ist ein sinnvoller Satz.
Auch im Satz B ist ein Wort zuviel. Ihr sollt es durchstreichen.
Um das falsche Wort zu finden, müsst ihr den Satz gründlich und genau lesen. Tut dies bitte jetzt und streicht das falsche Wort durch.

Nicht mehr als 20 Sekunden Zeit geben.
Welches ist das falsche Wort in Satz B ?

Bei falscher Antwort: *Nein, das stimmt leider nicht. Der richtige Satz lautet: „Mein Freund ist acht Jahre alt." Das Wort „jung" ist also zuviel. Das Wort „jung" musste durchgestrichen werden. Bei richtiger Antwort: Ja, das stimmt. Der richtige Satz lautet: „Mein Freund ist acht Jahre alt." Das Wort „jung" ist also zuviel. Das Wort „jung" musste durchgestrichen werden. In allen Sätzen dieses Tests ist immer ein Wort falsch. Ihr sollt immer das falsche Wort herausfinden und durchstreichen. Es ist immer genau ein Wort falsch. Streicht nun bitte in den Sätzen C , D und E jeweils das falsche Wort durch.*
Blättert bitte noch nicht um.

Für alle drei Sätze nicht mehr als eine halbe Minute Zeit geben. (1. Klasse länger Zeit geben) Anschließend die Lösungen von den Kindern nennen lassen und durch Wiederholen korrigieren oder bestätigen:

C *Nein, das ist leider nicht richtig. / Ja, das stimmt. Das Wort „Haus" ist falsch. Der richtige Satz lautet: „In unserer Schule sind viele Kinder." Das Wort „Haus" muss durchgestrichen sein.*

D *Nein, das ist leider nicht richtig. / Ja, das stimmt. Das Wort „schmeckt" ist falsch. Der richtige Satz lautet: „Möchtest du ein Glas Milch trinken?" Das Wort „schmeckt" muss durchgestrichen sein.*

E *Nein, das ist leider nicht richtig. / Ja, das stimmt. Das Wort „schöne" ist falsch. Der richtige Satz lautet: „Meine Hose ist neu." Das Wort „schöne" muss durchgestrichen sein.*

Auf den nächsten drei Seiten findet ihr sehr viele solcher Sätze.
In jedem Satz ist genau ein Wort zuviel. Dieses falsche Wort sollt ihr jeweils durchstreichen.

Lest euch die Sätze gründlich und genau, aber auch möglichst rasch durch.
Wenn ihr nicht gleich auf das falsche Wort kommt, lasst den Satz aus und macht mit dem nächsten weiter. Ihr sollt versuchen, möglichst viele Sätze zu schaffen.
Wenn ihr mit einer Seite fertig seid, macht sofort auf der nächsten Seite weiter.

Wenn ihr aus Versehen ein anderes Wort durchgestrichen habt, dann radiert bitte nicht, sondern kreist dieses Wort ein – an der Tafel vormachen – und streicht das Wort durch, das tatsächlich falsch ist.

Wenn ich sage, dass die Zeit um ist, dann legt ihr bitte alle den Stift sofort aus der Hand. Dreht jetzt bitte um und beginnt bei Satz 1. Fangt jetzt an.
Nach dem Ende der Testzeit sagt der Testleiter: *Die Zeit ist um. Legt jetzt bitte den Stift aus der Hand. Ihr braucht nicht enttäuscht sein, dass ihr nicht alles geschafft habt.*
Dieser Test ist auch für höhere Klassen gedacht.

Der Testleiter sammelt die Blätter ein.

2. Ermittlung des Rohwerts (Anzahl der richtigen Sätze)

Bitte zählen Sie zunächst die Anzahl der bearbeiteten Sätze aus und tragen diese Ziffer vorne auf dem Testblatt ein. Nach der Auswertung, die Sie sich mithilfe von Schablonen erleichtern können, ziehen Sie von der ersten Zahl die Anzahl der Fehler ab und notieren auf dem Testblatt die Differenz, also die Anzahl der als richtig erkannten Stolperwörter. Als Fehler zählen Sätze mit einem anderen durchgestrichenen Wort als dem Lösungswort und auch Sätze mit mehreren durchgestrichenen Wörtern. Eingekreiste Wörter gelten als nicht durchgestrichen. Die Schablonen können Sie sich selbst anfertigen, indem Sie sich mithilfe der Lösungsblätter Folien herstellen und dann die Aufgabenblätter abdecken.

Hier die richtigen Lösungen, falls Sie ohne Schablonen auswerten möchten:

Form A:

1: ist, 2: Geschichten, 3: kalt, 4: Lieb, 5: Wut, 6: schön, 7: süß, 8: Tafel, 9: Küche, 10: eisig, 11: summt, 12: Buch, 13: Schokolade, 14: laut, 15: schreiben, 16: Gruselig, 17: anspitzen, 18: nass, 19: gestern, 20: liest, 21: rechnen, 22: das, 23: Tiere, 24: Angst, 25: durstig, 26: die, 27: jung, 28: Garten, 29: Uniform, 30: eilig, 31: spiele, 32: Bald, 33: aber, 34: nach, 35: Besen, 36: Himmel, 37: der, 38: Korb, 39: klein, 40: Zettel, 41: lustig, 42: sauber, 43: neben, 44: frisst, 45: backen, 46: schmiert, 47: Geisterstunde, 48: morgen, 49: blasen, 50: schnell, 51: Glas, 52: Grunzen, 53: Zirkus, 54: mit, 55: klettert, 56: schwimmen, 57: Vorstellung, 58: Sommer, 59: hin, 60: vergessen

Form B:

1: schön, 2: eisig, 3: schreiben, 4: gestern, 5: Wut, 6: ist, 7: Gruselig, 8: Lieb, 9: nass, 10: Geschichten, 11: liest, 12: Buch, 13: süß, 14: anspitzen, 15: kalt, 16: Schokolade, 17: laut, 18: Küche, 19: Tafel, 20: summt, 21: aber, 22: Himmel, 23: Korb, 24: klein, 25: durtig, 26: Zettel, 27: Uniform, 28: Bald, 29: jung, 30: der, 31: spiele, 32: Garten, 33: rechnen, 34: nach, 35: Besen, 36: das, 37: eilig, 38: Tiere, 39: Angst, 40: die, 41: schmiert, 42: Zirkus, 43: blasen, 44: morgen, 45: backen, 46: lustig, 47: schnell, 48: Glas, 49: neben, 50: Geisterstunde, 51: frisst, 52: Grunzen, 53: sauber, 54: Vorstellung, 55: klettert, 56: hin, 57: mit, 58: vergessen, 59: schwimmen, 60: Sommer

2.1 Anzahl der richtigen Sätze pro Minute.

Wenn Sie den Test einsetzen wollen, um den Lernfortschritt der einzelnen Kinder im Laufe der Grundschulzeit zu ermitteln, dann müssen die Rohwerte in Minutenleistungen umgewandelt werden, da ja für die einzelnen Schuljahre unterschiedliche Bearbeitungszeiten zur Verfügung stehen. Diese Minutenleistungen sind ebenfalls in den Vergleichstabellen der Prozentrangplätze vermerkt. Sie teilen dazu bitte einfach den Rohwert (Anzahl der richtigen Sätze) durch die Testdauer. Also:
1. Klasse: Anzahl der richtigen Lösungen : 10 = Minutenleistung
2. Klasse: Anzahl der richtigen Lösungen : 6 = Minutenleistung
3. Klasse: Anzahl der richtigen Lösungen : 5 = Minutenleistung
4. Klasse: Anzahl der richtigen Lösungen : 4 = Minutenleistung
Runden Sie die Werte bitte auf eine Stelle nach dem Komma.

2.2 Interpretation der Ergebnisse (Vergleich mit der getesteten Stichprobe)

Hierfür stehen die Vergleichstabellen mit den Prozenträngen oder T-Werten (*siehe Anhang*) zur Verfügung. Für jeden Rohwert (Anzahl der richtigen Sätze) wird ein Prozentrang angegeben. Dieser sagt aus, wie viel Prozent der getesteten Kinder der Stichprobe gleich gut oder schlechter abgeschnitten haben. Je größer die Zahl der Prozentränge, umso besser ist die Leistung.

Ein Beispiel:

Prozentrangplatz 85 = 85 % der Eichstichprobe zeigten gleich gute oder schlechtere Leistungen. Das Kind hat sehr gut abgeschnitten.
Prozentrangplatz 15 = 15 % der Eichstichprobe haben gleich gute oder schlechtere Leistungen erbracht. Das Kind hat also sehr schlecht abgeschnitten

Bei der Interpretation kann man den Prozenträngen bzw. T-Werten die folgenden Leistungsbewertungen zuordnen:

Prozentrang	T-Wert	Leseniveau	Interpretation
> 99	> 74	extrem hoch	sehr begabt
92 bis 99	64 – 73	sehr gut	begabt
76 bis 90	57 – 63	überdurchschnittlich	ohne Probleme
27 bis 73	44 – 56	durchschnittlich	hinterfragen
10 bis 24	37 – 43	unterdurchschnittlich	Verdacht auf Schwäche
1,5 bis 8	28 – 36	sehr schwach	Verdacht auf Störung
< 1	< 27	extrem schwach	sehr bedenklich

Vergleich der Minutenleistungen

Wenn Sie den Test jeweils am Ende des Schuljahres durchführen, können Sie die Lernfortschritte der einzelnen Kinder ermitteln. Die Prozentrangplätze helfen Ihnen dabei nur bedingt, geben sie doch nur den Vergleich mit den anderen Kindern der gleichen Klassenstufe wieder. Den individuellen Leistungszuwachs drücken auch die Rohwerte nicht aus, da ja in jedem Schuljahr unterschiedlich viel Bearbeitungszeit zur Verfügung steht.
Haben Sie indes die Leistungen pro Minute errechnet, können Sie den Zuwachs direkt ablesen. Sie können die individuellen Zuwächse mit denen der Teststichprobe (Anhang: Prozentrangtabellen, jeweils letzte Zeile) vergleichen.

Anmerkung:
Die Prozentränge können in T-Werte umgewandelt werden. Auch werden sie in Notenskalen eingereiht (siehe 8. Transformationstabellen S. 158/159!).
Der Durchschnittsbereich liegt bei den T-Werten zwischen 40–60, bei den PR-Werten entsprechend zwischen 16–84). Die unteren Bereiche sind kritisch zu sehen. Ein T-Wert von 45 (PR=31) ist nicht befriedigend (unterer Bereich von durchschnittlich).
Beachten Sie auch die Interpretation bei „8. Transformationstabellen“!

3. Anhang
3.1 Prozentrangtabelle 1. Klasse

Alle		*deutsche Muttersprache*		*nicht-deutsche Muttersprache*	
N=3993		*N=3011*		*N= 599*	
Richtig gelöste Sätze	*Prozentrang*	*Richtig gelöste Sätze*	*Prozentrang*	*Richtig gelöste Sätze*	*Prozentrang*
0	0	0	0	0	0
1	2	1	1	1	5
2	3	2	2	2	8
3	5	3	4	3	11
4	7	4	5	4	16
5	10	5	7	5	21
6	12	6	9	6	26
7	16	7	12	7	31
8	19	8	15	8	35
9	22	9	17	9	39
10	25	10	20	10	42
11	28	11	24	11	46
12	32	12	27	12	51
13	35	13	31	13	54
14	38	14	34	14	57
15	42	15	37	15	61
16	45	16	40	16	65
17	48	17	43	17	69
18	51	18	46	18	71
19	55	19	50	19	73
20	57	20	53	20	75
21	60	21	56	21	77
22	63	22	59	22	79
23	65	23	62	23	81
24	68	24	65	24	83
25	71	25	68	25	86
26	74	26	70	26	88
27	76	27	73	27	89
28	79	28	76	28	91
29	81	29	78	29	92
30	82	30	80	30	93
31	84	31	81	31	94
32	85	32	83	32	95
33	86	33	84	33	96
34	87	34	85	34	96
35	88	35	86	35	97
36	89	36	87	36	97
37	90	37	88	37	98
38	91	38	90	38	98
39	92	39	90	39	99
40	93	40	91	40	99
41	94	41	92	41	99
42	95	42	94	42	99
43	96	43	95	43	99
44	97	44	96	44	100
45	99	45	98	45	100
MW = 18,63	13,8 s/Satz	MW = 19,98	13,8 s/Satz	MW =13,21	13,8 s/Satz

3.2 Prozentrangtabelle 2. Klasse

Alle		*deutsche Muttersprache*		*nicht-deutsche Muttersprache*	
N=4188		*N=2987*		*N= 675*	
Richtig gelöste Sätze	*Prozentrang*	*Richtig gelöste Sätze*	*Prozentrang*	*Richtig gelöste Sätze*	*Prozentrang*
0	0	0	0	0	0
1	0	1	0	1	0
2	0	2	0	2	0
3	0	3	0	3	1
4	1	4	1	4	1
5	1	5	1	5	2
6	2	6	1	6	4
7	2	7	2	7	5
8	3	8	2	8	7
9	4	9	3	9	9
10	5	10	4	10	12
11	7	11	5	11	15
12	9	12	7	12	19
13	11	13	9	13	23
14	13	14	10	14	27
15	15	15	13	15	30
16	18	16	15	16	35
17	21	17	17	17	38
18	23	18	20	18	42
19	26	19	22	19	47
20	30	20	26	20	50
21	33	21	29	21	54
22	36	22	32	22	57
23	40	23	35	23	61
24	43	24	39	24	65
25	47	25	43	25	68
26	51	26	46	26	72
27	55	27	50	27	74
28	59	28	55	28	77
29	63	29	59	29	81
30	67	30	63	30	83
31	70	31	66	31	85
32	73	32	69	32	88
33	75	33	71	33	89
34	77	34	74	34	90
35	78	35	75	35	91
36	80	36	77	36	92
37	82	37	79	37	93
38	83	38	81	38	95
39	85	39	83	39	95
40	87	40	85	40	96
41	89	41	87	41	97
42	90	42	88	42	97
43	91	43	90	43	98
44	92	44	91	44	98
45	93	45	92	45	99
46	94	46	93	46	99
47	95	47	94	47	99
48	95	48	95	48	99
49	96	49	95	49	99
50	97	50	96	50	99
51	97	51	97	51	99
52	97	52	97	52	100
53	98	53	97	53	100
54	98	54	98	54	100
55	98	55	98	55	100
56	99	56	98	56	100
> 57	99	> 57	99	> 57	100
58	99	58	99	58	100
59	99	59	99	59	100
60	100	60	99	60	100
MW = 26,09	13,8 s/Satz	MW = 27,28	13,2 s/Satz	MW = 20,51	17,6 s/Satz

3.3 Prozentrangtabelle 3. Klasse

Alle		deutsche Muttersprache		nicht-deutsche Muttersprache	
N = 3975		N = 2728		N = 626	
Richtig gelöste Sätze	Prozentrang	Richtig gelöste Sätze	Prozentrang	Richtig gelöste Sätze	Prozentrang
0	0	0	0	0	0
1	0	1	0	1	0
2	0	2	0	2	0
3	0	3	0	3	0
4	0	4	0	4	0
5	0	5	0	5	0
6	0	6	0	6	0
7	0	7	1	7	1
8	1	8	1	8	1
9	1	9	1	9	1
10	1	10	1	10	2
11	1	11	1	11	2
12	2	12	2	12	4
13	3	13	2	13	5
14	3	14	2	14	7
15	4	15	3	15	9
16	5	16	4	16	11
17	6	17	5	17	13
18	8	18	6	18	17
19	10	19	8	19	20
20	12	20	10	20	24
21	15	21	12	21	29
22	17	22	14	22	32
23	19	23	16	23	35
24	22	24	19	24	38
25	25	25	22	25	42
26	28	26	25	26	45
27	32	27	28	27	50
28	36	28	33	28	54
29	40	29	36	29	58
30	45	30	41	30	63
31	49	31	45	31	67
32	53	32	49	32	69
33	56	33	52	33	73
34	59	34	55	34	75
35	62	35	58	35	78
36	64	36	61	36	81
37	67	37	64	37	83
38	70	38	67	38	85
39	73	39	69	39	88
40	76	40	72	40	89
41	79	41	76	41	91
42	81	42	78	42	92
43	83	43	81	43	93
44	85	44	80	44	94
45	86	45	84	45	94
46	88	46	86	46	95
47	89	47	87	47	96
48	90	48	89	48	97
49	92	49	90	49	97
50	93	50	91	50	97
51	94	51	93	51	98
52	95	52	94	52	98
53	95	53	94	53	99
54	96	54	95	54	99
55	97	55	96	55	100
56	97	56	97	56	100
57	98	57	97	57	100
58	98	58	98	58	100
59	99	59	98	59	100
60	99	60	99	60	100
MW = 32,02	9,4 s/Satz	MW = 33,1	9,1 s/Satz	MW = 27,2	11 s/Satz

3.4 Prozentrangtabelle 4. Klasse

Alle		*deutsche Muttersprache*		*nicht-deutsche Muttersprache*	
N = 3574		*N = 2689*		*N = 491*	
Richtig gelöste Sätze	*Prozentrang*	*Richtig gelöste Sätze*	*Prozentrang*	*Richtig gelöste Sätze*	*Prozentrang*
0	0	0	0	0	0
1	0	1	0	1	0
2	0	2	0	2	0
3	0	3	0	3	0
4	0	4	0	4	0
5	0	5	0	5	0
6	0	6	0	6	0
7	0	7	0	7	1
8	0	8	0	8	1
9	0	9	0	9	1
10	1	10	0	10	2
11	1	11	0	11	2
12	1	12	1	12	2
13	1	13	1	13	3
14	2	14	1	14	4
15	3	15	2	15	6
16	3	16	2	16	7
17	4	17	3	17	8
18	5	18	4	18	10
19	7	19	5	19	12
20	9	20	7	20	17
21	11	21	9	21	21
22	13	22	11	22	23
23	15	23	12	23	26
24	18	24	15	24	29
25	20	25	17	25	32
26	24	26	20	26	37
27	27	27	24	27	42
28	31	28	28	28	46
29	35	29	31	29	50
30	40	30	36	30	56
31	45	31	41	31	62
32	49	32	45	32	66
33	54	33	50	33	71
34	58	34	54	34	75
35	61	35	56	35	78
36	64	36	61	36	80
37	68	37	65	37	82
38	71	38	68	38	83
39	74	39	71	39	85
40	77	40	75	40	88
41	81	41	78	41	91
42	83	42	80	42	92
43	86	43	83	43	93
44	87	44	85	44	94
45	89	45	87	45	95
46	90	46	89	46	96
47	91	47	90	47	96
48	93	48	92	48	97
49	94	49	93	49	97
50	95	50	95	50	98
51	96	51	95	51	98
52	96	52	96	52	98
53	97	53	97	53	99
54	98	54	97	54	99
55	98	55	98	55	99
56	96	56	98	56	100
57	99	57	99	57	100
58	99	58	99	58	100
59	99	59	99	59	100
60	100	60	100	60	100
MW = 32,38	7,3 s/Satz	MW = 33,31	7,2 s/Satz	MW = 28,58	8,4 s/Satz

4. Testblätter und Schablonen
4.1 Form A

Testblätter – *Lesetest 1*

Name: ______________________________ Klasse: ____________

Datum: ______________________________ Junge: ❍ Mädchen: ❍

Bearbeitete Sätze: ____________ davon richtig: ____________

A Ich kann gut ~~Name~~ lesen.
B Mein Freund ist acht jung Jahre alt.
C In unserer Schule Haus sind viele Kinder.
D Möchtest du schmeckt ein Glas Milch trinken?
E Schöne meine Hose ist neu.

Start

1. Die ist Kinder lernen in der Schule.
2. In dem Buch Geschichten sind Bilder.
3. Das Fenster steht kalt offen.
4. Lieb meine Oma ist schon sehr alt.
5. Der Hund bellt Wut.
6. Mir gefällt dein schön Bild gut.
7. Möchtest du ein Bonbon süß?
8. Das Wasser ist schmutzig Tafel.
9. Meine Küche Mutter kocht sehr gut.
10. Im Winter eisig ist es oft kalt.
11. Auf Opas Nase sitzt eine summt Fliege.
12. Ich Buch kann sehr gut lesen.
13. Magst Schokolade du gern Nudeln?
14. Die Kinder laut rennen schreiend auf den Hof.
15. Mein Heft ist schreiben voll.
16. Gruselig vor Spinnen ekle ich mich.

17 Mein Bleistift anspitzen ist abgebrochen.
18 Es regnet den ganzen nass Tag.
19 Mein Bruder ist gestern acht Jahre alt.
20 Die Aufgaben liest sind schwer.
21 Hast du mein rechnen Heft gesehen?
22 Die Hexe reitet auf einem das Besen.
23 Bald wollen wir den Zoo besuchen Tiere.
24 Ich Angst gehe nicht gern zum Zahnarzt.
25 In der durstig Wüste gibt es kein Wasser.
26 Alle Mädchen in die unserer Klasse mögen Pferde.
27 Hast du eine jung Lehrerin oder einen Lehrer?
28 Spielen wir heute Nachmittag Garten zusammen?
29 Der Polizist Uniform erzählt uns vom Verkehr.
30 Der Mann ist bei eilig Rot über die Straße gelaufen.
31 Ich spiele möchte gerne Klavier spielen lernen.
32 Bald nächste Woche wandern wir im Wald.
33 Rechnest oder liest aber du lieber?
34 Der Bus nach ist uns vor der Nase weggefahren.
35 Unser Klassenzimmer ist oft schmutzig Besen.
36 Die Himmel Sonne blendet mich.
37 In unserer Schule gibt es nur wenige der Computer.
38 Mit Opa habe ich Korb Pilze gesucht.
39 Eine Maus klein flitzt unter den Schrank.
40 Zu Weihnachten wünsche Zettel ich mir Bücher.
41 Ich lustig denke mir gerne verrückte Geschichten aus.
42 Meine Mutter lobt mich wegen meiner sauber Handschrift.
43 Der neben Elefant hat sich auf seine Hinterbeine gestellt.
44 Füchse frisst gibt es auch in unseren Wäldern.
45 Torte backen mit Erdbeeren esse ich besonders gern.

Form A

Lösungsschablone – *Lesetest 1*

Name: ______________________________ Klasse: ______________

Datum: ______________________________ Junge: ❍ Mädchen: ❍

Bearbeitete Sätze: ______________ davon richtig: ______________

A Ich kann gut ~~Name~~ lesen.
B Mein Freund ist acht jung Jahre alt.
C In unserer Schule Haus sind viele Kinder.
D Möchtest du schmeckt ein Glas Milch trinken?
E Schöne meine Hose ist neu.

Start

1. Die **ist** Kinder lernen in der Schule.
2. In dem Buch **Geschichten** sind Bilder.
3. Das Fenster steht **kalt** offen.
4. **Lieb** meine Oma ist schon sehr alt.
5. Der Hund bellt **Wut**.
6. Mir gefällt dein **schön** Bild gut.
7. Möchtest du ein Bonbon **süß**?
8. Das Wasser ist schmutzig **Tafel**.
9. Meine **Küche** Mutter kocht sehr gut.
10. Im Winter **eisig** ist es oft kalt.
11. Auf Opas Nase sitzt eine **summt** Fliege.
12. Ich **Buch** kann sehr gut lesen.
13. Magst **Schokolade** du gern Nudeln?
14. Die Kinder **laut** rennen schreiend auf den Hof.
15. Mein Heft ist **schreiben** voll.
16. **Gruselig** vor Spinnen ekle ich mich.

17. Mein Bleistift **anspitzen** ist abgebrochen.
18. Es regnet den ganzen **nass** Tag.
19. Mein Bruder ist **gestern** acht Jahre alt.
20. Die Aufgaben **liest** sind schwer.
21. Hast du mein **rechnen** Heft gesehen?
22. Die Hexe reitet auf einem **das** Besen.
23. Bald wollen wir den Zoo besuchen **Tiere**.
24. Ich **Angst** gehe nicht gern zum Zahnarzt.
25. In der **durstig** Wüste gibt es kein Wasser.
26. Alle Mädchen in **die** unserer Klasse mögen Pferde.
27. Hast du eine **jung** Lehrerin oder einen Lehrer?
28. Spielen wir heute Nachmittag **Garten** zusammen?
29. Der Polizist **Uniform** erzählt uns vom Verkehr.
30. Der Mann ist bei **eilig** Rot über die Straße gelaufen.
31. Ich **spiele** möchte gerne Klavier spielen lernen.
32. **Bald** nächste Woche wandern wir im Wald.
33. Rechnest oder **liest** aber du lieber?
34. Der Bus **nach** ist uns vor der Nase weggefahren.
35. Unser Klassenzimmer ist oft schmutzig **Besen**.
36. Die **Himmel** Sonne blendet mich.
37. In unserer Schule gibt es nur wenige **der** Computer.
38. Mit Opa habe ich **Korb** Pilze gesucht.
39. Eine Maus **klein** flitzt unter den Schrank.
40. Zu Weihnachten wünsche **Zettel** ich mir Bücher.
41. Ich **lustig** denke mir gerne verrückte Geschichten aus.
42. Meine Mutter lobt mich wegen meiner **sauber** Handschrift.
43. Der **neben** Elefant hat sich auf seine Hinterbeine gestellt.
44. Füchse **frisst** gibt es auch in unseren Wäldern.
45. Torte **backen** mit Erdbeeren esse ich besonders gern.

4.2 Form B

Testblätter – *Lesetest 1*

Name: ______________________________ Klasse: ____________

Datum: ______________________________ Junge: ❍ Mädchen: ❍

Bearbeitete Sätze: ____________ davon richtig: ____________

A Ich kann gut ~~Name~~ lesen.
B Mein Freund ist acht jung Jahre alt.
C In unserer Schule Haus sind viele Kinder.
D Möchtest du schmeckt ein Glas Milch trinken.
E Schöne meine Hose ist neu.

Start

1. Mir gefällt dein schön Bild gut.
2. Im Winter eisig ist es oft kalt.
3. Mein Heft ist schreiben voll.
4. Mein Bruder ist gestern acht Jahre alt.
5. Der Hund bellt Wut.
6. Die ist Kinder lernen in der Schule.
7. Gruselig vor Spinnen ekle ich mich.
8. Lieb meine Oma ist schon sehr alt.
9. Es regnet den ganzen nass Tag.
10. In dem Buch Geschichten sind Bilder.
11. Die Aufgaben liest sind schwer.
12. Ich Buch kann sehr gut lesen.
13. Möchtest du ein Bonbon süß?
14. Mein Bleistift anspitzen ist abgebrochen.
15. Das Fenster steht kalt offen.
16. Magst Schokolade du gern Nudeln?

17. Die Kinder laut rennen schreiend auf den Hof.
18. Meine Küche Mutter kocht sehr gut.
19. Das Wasser ist schmutzig Tafel.
20. Auf Opas Nase sitzt eine summt Fliege.
21. Rechnest oder liest aber du lieber?
22. Die Himmel Sonne blendet mich.
23. Mit Opa habe ich Korb Pilze gesucht.
24. Eine Maus klein flitzt unter den Schrank.
25. In der durstig Wüste gibt es kein Wasser.
26. Zu Weihnachten wünsche Zettel ich mir Bücher.
27. Der Polizist Uniform erzählt uns vom Verkehr.
28. Bald nächste Woche wandern wir im Wald.
29. Hast du eine jung Lehrerin oder einen Lehrer?
30. In unserer Schule gibt es nur wenige der Computer.
31. Ich spiele möchte gerne Klavier spielen lernen.
32. Spielen wir heute Nachmittag Garten zusammen?
33. Hast du mein rechnen Heft gesehen?
34. Der Bus nach ist uns vor der Nase weggefahren.
35. Unser Klassenzimmer ist oft schmutzig Besen.
36. Die Hexe reitet auf einem das Besen.
37. Der Mann ist bei eilig Rot über die Straße gelaufen.
38. Bald wollen wir den Zoo besuchen Tiere.
39. Ich Angst gehe nicht gern zum Zahnarzt.
40. Alle Mädchen in die unserer Klasse mögen Pferde.
41. Wir sollen keinen schmiert Kugelschreiber benutzen.
42. Die zwei Clowns Zirkus haben sich auf die Nase gehauen.
43. Unser Nachbar spielt Trompete und blasen Posaune.
44. Was morgen wünschst du dir zu deinem Geburtstag?
45. Torte backen mit Erdbeeren esse ich besonders gern.

Form B

Lösungsschablone – *Lesetest 1*

Name: ______________________ Klasse: ____________

Datum: ______________________ Junge: ❍ Mädchen: ❍

Bearbeitete Sätze: ____________ davon richtig: ____________

A Ich kann gut ~~Name~~ lesen.
B Mein Freund ist acht jung Jahre alt.
C In unserer Schule Haus sind viele Kinder.
D Möchtest du schmeckt ein Glas Milch trinken.
E Schöne meine Hose ist neu.

Start

1. Mir gefällt dein **schön** Bild gut.
2. Im Winter **eisig** ist es oft kalt.
3. Mein Heft ist **schreiben** voll.
4. Mein Bruder ist **gestern** acht Jahre alt.
5. Der Hund bellt **Wut**.
6. Die **ist** Kinder lernen in der Schule.
7. **Gruselig** vor Spinnen ekle ich mich.
8. **Lieb** meine Oma ist schon sehr alt.
9. Es regnet den ganzen **nass** Tag.
10. In dem Buch **Geschichten** sind Bilder.
11. Die Aufgaben **liest** sind schwer.
12. Ich **Buch** kann sehr gut lesen.
13. Möchtest du ein Bonbon **süß**?
14. Mein Bleistift **anspitzen** ist abgebrochen.
15. Das Fenster steht **kalt** offen.
16. Magst **Schokolade** du gern Nudeln?

17. Die Kinder **laut** rennen schreiend auf den Hof.
18. Meine **Küche** Mutter kocht sehr gut.
19. Das Wasser ist schmutzig **Tafel**.
20. Auf Opas Nase sitzt eine **summt** Fliege.
21. Rechnest oder liest **aber** du lieber?
22. Die **Himmel** Sonne blendet mich.
23. Mit Opa habe ich **Korb** Pilze gesucht.
24. Eine Maus **klein** flitzt unter den Schrank.
25. In der **durstig** Wüste gibt es kein Wasser.
26. Zu Weihnachten wünsche **Zettel** ich mir Bücher.
27. Der Polizist **Uniform** erzählt uns vom Verkehr.
28. **Bald** nächste Woche wandern wir im Wald.
29. Hast du eine **jung** Lehrerin oder einen Lehrer?
30. In unserer Schule gibt es nur wenige **der** Computer.
31. Ich **spiele** möchte gerne Klavier spielen lernen.
32. Spielen wir heute Nachmittag **Garten** zusammen?
33. Hast du mein **rechnen** Heft gesehen?
34. Der Bus **nach** ist uns vor der Nase weggefahren.
35. Unser Klassenzimmer ist oft schmutzig **Besen**.
36. Die Hexe reitet auf einem **das** Besen.
37. Der Mann ist bei **eilig** Rot über die Straße gelaufen.
38. Bald wollen wir den Zoo besuchen **Tiere**.
39. Ich **Angst** gehe nicht gern zum Zahnarzt.
40. Alle Mädchen in **die** unserer Klasse mögen Pferde.
41. Wir sollen keinen **schmiert** Kugelschreiber benutzen.
42. Die zwei Clowns **Zirkus** haben sich auf die Nase gehau en.
43. Unser Nachbar spielt Trompete und **blasen** Posaune.
44. Was **morgen** wünschst du dir zu deinem Geburtstag?
45. Torte **backen** mit Erdbeeren esse ich besonders gern.

4.3 Form A

Testblätter – *Lesetest 2–4*

Name: ______________________________ Klasse: ____________

Datum: ______________________________ Junge: ❍ Mädchen: ❍

Bearbeitete Sätze: ____________ davon richtig: ____________

A Ich kann gut ~~Name~~ lesen.
B Mein Freund ist acht jung Jahre alt.
C In unserer Schule Haus sind viele Kinder.
D Möchtest du schmeckt ein Glas Milch trinken.
E Schöne meine Hose ist neu.

Start

1. Die ist Kinder lernen in der Schule.
2. In dem Buch Geschichten sind Bilder.
3. Das Fenster steht kalt offen.
4. Lieb meine Oma ist schon sehr alt.
5. Der Hund bellt Wut.
6. Mir gefällt dein schön Bild gut.
7. Möchtest du ein Bonbon süß?
8. Das Wasser ist schmutzig Tafel.
9. Meine Küche Mutter kocht sehr gut.
10. Im Winter eisig ist es oft kalt.
11. Auf Opas Nase sitzt eine summt Fliege.
12. Ich Buch kann sehr gut lesen.
13. Magst Schokolade du gern Nudeln?
14. Die Kinder laut rennen schreiend auf den Hof.
15. Mein Heft ist schreiben voll.
16. Gruselig vor Spinnen ekle ich mich.

17. Mein Bleistift anspitzen ist abgebrochen.
18. Es regnet den ganzen nass Tag.
19. Mein Bruder ist gestern acht Jahre alt.
20. Die Aufgaben liest sind schwer.
21. Hast du mein rechnen Heft gesehen?
22. Die Hexe reitet auf einem das Besen.
23. Bald wollen wir den Zoo besuchen Tiere.
24. Ich Angst gehe nicht gern zum Zahnarzt.
25. In der durstig Wüste gibt es kein Wasser.
26. Alle Mädchen in die unserer Klasse mögen Pferde.
27. Hast du eine jung Lehrerin oder einen Lehrer?
28. Spielen wir heute Nachmittag Garten zusammen?
29. Der Polizist Uniform erzählt uns vom Verkehr.
30. Der Mann ist bei eilig Rot über die Straße gelaufen.
31. Ich spiele möchte gerne Klavier spielen lernen.
32. Bald nächste Woche wandern wir im Wald.
33. Rechnest oder liest aber du lieber?
34. Der Bus nach ist uns vor der Nase weggefahren.
35. Unser Klassenzimmer ist oft schmutzig Besen.
36. Die Himmel Sonne blendet mich.
37. In unserer Schule gibt es nur wenige der Computer.
38. Mit Opa habe ich Korb Pilze gesucht.
39. Eine Maus klein flitzt unter den Schrank.
40. Zu Weihnachten wünsche Zettel ich mir Bücher.
41. Ich lustig denke mir gerne verrückte Geschichten aus.
42. Meine Mutter lobt mich wegen meiner sauber Handschrift.
43. Der neben Elefant hat sich auf seine Hinterbeine gestellt.
44. Füchse frisst gibt es auch in unseren Wäldern.
45. Torte backen mit Erdbeeren esse ich besonders gern.
46. Wir sollen keinen schmiert Kugelschreiber benutzen.
47. Ich bin gestern Geisterstunde Nacht spät ins Bett gegangen.

48. Was morgen wünschst du dir zu deinem Geburtstag?
49. Unser Nachbar spielt Trompete und blasen Posaune.
50. Meine Schwester trainiert fast schnell jeden Tag im Verein.
51. Ich habe einen Glas ganzen Sack voller Murmeln.
52. Grunzen Wildschweine haben den Boden aufgewühlt.
53. Die zwei Clowns Zirkus haben sich auf die Nase gehauen.
54. Bei manchen Textaufgaben mit komme ich ganz schön ins Schwitzen.
55. Hinter unserem Haus klettert steht ein uralter Birnbaum.
56. Die meisten Jungen aus unserer Klasse trainieren schwimmen in einem Fußballverein.
57. In der Theatergruppe proben wir Vorstellung ein lustiges Stück.
58. In den großen Ferien Sommer möchte ich am liebsten mit anderen Kindern zusammen verreisen.
59. Der Hausmeister unserer Schule ist beim Schneefegen ausgerutscht hin und hat sich die Hand verstaucht.
60. Meinen Turnbeutel muss ich in der Halle liegen vergessen gelassen haben.

Wie fühlst du dich nach diesem Lesetest?

Sehr gut ❍

Schlecht ❍

Unsicher ❍

Form A

Lösungsschablone – *Lesetest 2–4*

Name: ______________________________ Klasse: ____________

Datum: ______________________________ Junge: ❍ Mädchen: ❍

Bearbeitete Sätze: ____________ davon richtig: ____________

A Ich kann gut ~~Name~~ lesen.
B Mein Freund ist acht jung Jahre alt.
C In unserer Schule Haus sind viele Kinder.
D Möchtest du schmeckt ein Glas Milch trinken.
E Schöne meine Hose ist neu.

Start

1. Die **ist** Kinder lernen in der Schule.
2. In dem Buch **Geschichten** sind Bilder.
3. Das Fenster steht **kalt** offen.
4. **Lieb** meine Oma ist schon sehr alt.
5. Der Hund bellt **Wut**.
6. Mir gefällt dein **schön** Bild gut.
7. Möchtest du ein Bonbon **süß**?
8. Das Wasser ist schmutzig **Tafel**.
9. Meine **Küche** Mutter kocht sehr gut.
10. Im Winter **eisig** ist es oft kalt.
11. Auf Opas Nase sitzt eine **summt** Fliege.
12. Ich **Buch** kann sehr gut lesen.
13. Magst **Schokolade** du gern Nudeln?
14. Die Kinder **laut** rennen schreiend auf den Hof.
15. Mein Heft ist **schreiben** voll.
16. **Gruselig** vor Spinnen ekle ich mich.

17. Mein Bleistift **anspitzen** ist abgebrochen.
18. Es regnet den ganzen **nass** Tag.
19. Mein Bruder ist **gestern** acht Jahre alt.
20. Die Aufgaben **liest** sind schwer.
21. Hast du mein **rechnen** Heft gesehen?
22. Die Hexe reitet auf einem **das** Besen.
23. Bald wollen wir den Zoo besuchen **Tiere**.
24. Ich **Angst** gehe nicht gern zum Zahnarzt.
25. In der **durstig** Wüste gibt es kein Wasser.
26. Alle Mädchen in **die** unserer Klasse mögen Pferde.
27. Hast du eine **jung** Lehrerin oder einen Lehrer?
28. Spielen wir heute Nachmittag **Garten** zusammen?
29. Der Polizist **Uniform** erzählt uns vom Verkehr.
30. Der Mann ist bei **eilig** Rot über die Straße gelaufen.
31. Ich **spiele** möchte gerne Klavier spielen lernen.
32. **Bald** nächste Woche wandern wir im Wald.
33. Rechnest oder liest **aber** du lieber?
34. Der Bus **nach** ist uns vor der Nase weggefahren.
35. Unser Klassenzimmer ist oft schmutzig **Besen**.
36. Die **Himmel** Sonne blendet mich.
37. In unserer Schule gibt es nur wenige **der** Computer.
38. Mit Opa habe ich **Korb** Pilze gesucht.
39. Eine Maus **klein** flitzt unter den Schrank.
40. Zu Weihnachten wünsche **Zettel** ich mir Bücher.
41. Ich **lustig** denke mir gerne verrückte Geschichten aus.
42. Meine Mutter lobt mich wegen meiner **sauber** Handschrift.
43. Der **neben** Elefant hat sich auf seine Hinterbeine gestellt.
44. Füchse **frisst** gibt es auch in unseren Wäldern.
45. Torte **backen** mit Erdbeeren esse ich besonders gern.
46. Wir sollen keinen **schmiert** Kugelschreiber benutzen.
47. Ich bin gestern **Geisterstunde** Nacht spät ins Bett gegangen.

48. Was **morgen** wünschst du dir zu deinem Geburtstag?
49. Unser Nachbar spielt Trompete und **blasen** Posaune.
50. Meine Schwester trainiert fast **schnell** jeden Tag im Verein.
51. Ich habe einen **Glas** ganzen Sack voller Murmeln.
52. **Grunzen** Wildschweine haben den Boden aufgewühlt.
53. Die zwei Clowns **Zirkus** haben sich auf die Nase gehauen.
54. Bei manchen Textaufgaben **mit** komme ich ganz schön ins Schwitzen.
55. Hinter unserem Haus **klettert** steht ein uralter Birnbaum.
56. Die meisten Jungen aus unserer Klasse trainieren **schwimmen** in einem Fußballverein.
57. In der Theatergruppe proben wir **Vorstellung** ein lustiges Stück.
58. In den großen Ferien **Sommer** möchte ich am liebsten mit anderen Kindern zusammen verreisen.
59. Der Hausmeister unserer Schule ist beim Schneefegen ausgerutscht **hin** und hat sich die Hand verstaucht.
60. Meinen Turnbeutel muss ich in der Halle liegen **vergessen** gelassen haben.

4.4 Form B

Testblätter – *Lesetest 2–4*

Name: ______________________________ Klasse: ______________

Datum: ______________________________ Junge: ❍ Mädchen: ❍

Bearbeitete Sätze: ____________ davon richtig: ____________

A Ich kann gut ~~Name~~ lesen.
B Mein Freund ist acht jung Jahre alt.
C In unserer Schule Haus sind viele Kinder.
D Möchtest du schmeckt ein Glas Milch trinken.
E Schöne meine Hose ist neu.

Start

1. Mir gefällt dein schön Bild gut.
2. Im Winter eisig ist es oft kalt.
3. Mein Heft ist schreiben voll.
4. Mein Bruder ist gestern acht Jahre alt.
5. Der Hund bellt Wut.
6. Die ist Kinder lernen in der Schule.
7. Gruselig vor Spinnen ekle ich mich.
8. Lieb meine Oma ist schon sehr alt.
9. Es regnet den ganzen nass Tag.
10. In dem Buch Geschichten sind Bilder.
11. Die Aufgaben liest sind schwer.
12. Ich Buch kann sehr gut lesen.
13. Möchtest du ein Bonbon süß?
14. Mein Bleistift anspitzen ist abgebrochen.
15. Das Fenster steht kalt offen.
16. Magst Schokolade du gern Nudeln?

17. Die Kinder laut rennen schreiend auf den Hof.
18. Meine Küche Mutter kocht sehr gut.
19. Das Wasser ist schmutzig Tafel.
20. Auf Opas Nase sitzt eine summt Fliege.
21. Rechnest oder liest aber du lieber?
22. Die Himmel Sonne blendet mich.
23. Mit Opa habe ich Korb Pilze gesucht.
24. Eine Maus klein flitzt unter den Schrank.
25. In der durstig Wüste gibt es kein Wasser.
26. Zu Weihnachten wünsche Zettel ich mir Bücher.
27. Der Polizist Uniform erzählt uns vom Verkehr.
28. Bald nächste Woche wandern wir im Wald.
29. Hast du eine jung Lehrerin oder einen Lehrer?
30. In unserer Schule gibt es nur wenige der Computer.
31. Ich spiele möchte gerne Klavier spielen lernen.
32. Spielen wir heute Nachmittag Garten zusammen?
33. Hast du mein rechnen Heft gesehen?
34. Der Bus nach ist uns vor der Nase weggefahren.
35. Unser Klassenzimmer ist oft schmutzig Besen.
36. Die Hexe reitet auf einem das Besen.
37. Der Mann ist bei eilig Rot über die Straße gelaufen.
38. Bald wollen wir den Zoo besuchen Tiere.
39. Ich Angst gehe nicht gern zum Zahnarzt.
40. Alle Mädchen in die unserer Klasse mögen Pferde.
41. Wir sollen keinen schmiert Kugelschreiber benutzen.
42. Die zwei Clowns Zirkus haben sich auf die Nase gehauen.
43. Unser Nachbar spielt Trompete und blasen Posaune.
44. Was morgen wünschst du dir zu deinem Geburtstag?
45. Torte backen mit Erdbeeren esse ich besonders gern.
46. Ich lustig denke mir gerne verrückte Geschichten aus.
47. Meine Schwester trainiert fast schnell jeden Tag im Verein.
48. Ich habe einen Glas ganzen Sack voller Murmeln.
49. Der neben Elefant hat sich auf seine Hinterbeine gestellt.

50. Ich bin gestern Geisterstunde Nacht spät ins Bett gegangen.
51. Füchse frisst gibt es auch in unseren Wäldern.
52. Grunzen Wildschweine haben den Boden aufgewühlt.
53. Meine Mutter lobt mich wegen meiner sauber Handschrift.
54. In der Theatergruppe proben wir Vorstellung ein lustiges Stück.
55. Hinter unserem Haus klettert steht ein uralter Birnbaum.
56. Der Hausmeister unserer Schule ist beim Schneefegen ausgerutscht hin und hat sich die Hand verstaucht.
57. Bei manchen Textaufgaben mit komme ich ganz schön ins Schwitzen.
58. Meinen Turnbeutel muss ich in der Halle liegen vergessen gelassen haben.
59. Die meisten Jungen aus unserer Klasse trainieren schwimmen in einem Fußballverein.
60. In den großen Ferien Sommer möchte ich am liebsten mit anderen Kindern zusammen verreisen.

Wie fühlst du dich nach diesem Lesetest?

Sehr gut ❍

Schlecht ❍

Unsicher ❍

4.4 Form B

Lösungsschablone – *Lesetest 2–4*

Name: ______________________________ Klasse: ____________

Datum: ______________________________ Junge: ❍ Mädchen: ❍

Bearbeitete Sätze: ____________ davon richtig: ____________

A Ich kann gut ~~Name~~ lesen.
B Mein Freund ist acht jung Jahre alt.
C In unserer Schule Haus sind viele Kinder.
D Möchtest du schmeckt ein Glas Milch trinken.
E Schöne meine Hose ist neu.

Start

1. Mir gefällt dein **schön** Bild gut.
2. Im Winter **eisig** ist es oft kalt.
3. Mein Heft ist **schreiben** voll.
4. Mein Bruder ist **gestern** acht Jahre alt.
5. Der Hund bellt **Wut**.
6. Die **ist** Kinder lernen in der Schule.
7. **Gruselig** vor Spinnen ekle ich mich.
8. **Lieb** meine Oma ist schon sehr alt.
9. Es regnet den ganzen **nass** Tag.
10. In dem Buch **Geschichten** sind Bilder.
11. Die Aufgaben **liest** sind schwer.
12. Ich **Buch** kann sehr gut lesen.
13. Möchtest du ein Bonbon **süß**?
14. Mein Bleistift **anspitzen** ist abgebrochen.
15. Das Fenster steht **kalt** offen.
16. Magst **Schokolade** du gern Nudeln?

17. Die Kinder **laut** rennen schreiend auf den Hof.
18. Meine **Küche** Mutter kocht sehr gut.
19. Das Wasser ist schmutzig **Tafel**.
20. Auf Opas Nase sitzt eine **summt** Fliege.
21. Rechnest oder liest **aber** du lieber?
22. Die **Himmel** Sonne blendet mich.
23. Mit Opa habe ich **Korb** Pilze gesucht.
24. Eine Maus **klein** flitzt unter den Schrank.
25. In der **durstig** Wüste gibt es kein Wasser.
26. Zu Weihnachten wünsche **Zettel** ich mir Bücher.
27. Der Polizist **Uniform** erzählt uns vom Verkehr.
28. **Bald** nächste Woche wandern wir im Wald.
29. Hast du eine **jung** Lehrerin oder einen Lehrer?
30. In unserer Schule gibt es nur wenige **der** Computer.
31. Ich **spiele** möchte gerne Klavier spielen lernen.
32. Spielen wir heute Nachmittag **Garten** zusammen?
33. Hast du mein **rechnen** Heft gesehen?
34. Der Bus **nach** ist uns vor der Nase weggefahren.
35. Unser Klassenzimmer ist oft schmutzig **Besen**.
36. Die Hexe reitet auf einem **das** Besen.
37. Der Mann ist bei **eilig** Rot über die Straße gelaufen.
38. Bald wollen wir den Zoo besuchen **Tiere**.
39. Ich **Angst** gehe nicht gern zum Zahnarzt.
40. Alle Mädchen in **die** unserer Klasse mögen Pferde.
41. Wir sollen keinen **schmiert** Kugelschreiber benutzen.
42. Die zwei Clowns **Zirkus** haben sich auf die Nase gehauen.
43. Unser Nachbar spielt Trompete und **blasen** Posaune.
44. Was **morgen** wünschst du dir zu deinem Geburtstag?
45. Torte **backen** mit Erdbeeren esse ich besonders gern.
46. Ich **lustig** denke mir gerne verrückte Geschichten aus.
47. Meine Schwester trainiert fast **schnell** jeden Tag im Verein.
48. Ich habe einen **Glas** ganzen Sack voller Murmeln.
49. Der **neben** Elefant hat sich auf seine Hinterbeine gestellt.

50. Ich bin gestern **Geisterstunde** Nacht spät ins Bett gegangen.
51. Füchse **frisst** gibt es auch in unseren Wäldern.
52. **Grunzen** Wildschweine haben den Boden aufgewühlt.
53. Meine Mutter lobt mich wegen **meiner** sauber Handschrift.
54. In der Theatergruppe proben wir **Vorstellung** ein lustiges Stück.
55. Hinter unserem Haus **klettert** steht ein uralter Birnbaum.
56. Der Hausmeister unserer Schule ist beim Schneefegen ausgerutscht **hin** und hat sich die Hand verstaucht.
57. Bei manchen Textaufgaben **mit** komme ich ganz schön ins Schwitzen.
58. Meinen Turnbeutel muss ich in der Halle liegen **vergessen** gelassen haben.
59. Die meisten Jungen aus unserer Klasse trainieren **schwimmen** in einem Fußballverein.
60. In den großen Ferien **Sommer** möchte ich am liebsten mit anderen Kindern zusammen verreisen.

4.5 Lesetest – Anweisung

Vorbereitung:
Die Lesefähigkeit jedes Kindes sollte vor der Testdurchführung mithilfe des Fragebogens eingeschätzt werden. Die Testblätter in den Formen A und B sind in der erforderlichen Anzahl beidseitig zu kopieren.
Kinder, die nebeneinander sitzen, sollen nicht die gleiche Form erhalten.

Durchführung:
Die Kinder erhalten die Blätter gefaltet, mit der Titelseite oben. Es sollte darauf geachtet werden, dass die Seite erst dann umgedreht wird, wenn die Lehrkraft die Anweisung dazu erteilt.
Die reinen Testzeiten sollen genau eingehalten werden:

Ende der 1. Klasse 10 Minuten (alternativ: Anfang der 2. Klasse)
Ende der 2. Klasse 6 Minuten (alternativ: Anfang der 3. Klasse)
Ende der 3. Klasse 5 Minuten (alternativ: Anfang der 4. Klasse)
Ende der 4. Klasse 4 Minuten (alternativ: Anfang der 5. Klasse)

Anweisungen:
„Wir wollen zusammen ein Lesespiel machen. Damit ich sehen kann, wie gut jeder von euch lesen kann, hat euer Nachbar andere Aufgaben als ihr. Zunächst sollt ihr euren Namen, eure Klasse und das heutige Datum (Tafelanschrift) eintragen. Außerdem sollt ihr ankreuzen, ob ihr ein Junge oder ein Mädchen seid. Sonst schreibt ihr bitte nichts."

Der Testleiter achtet darauf, dass nicht umgeblättert wird.

„Ihr müsst nun sehr genau auf das hören, was ich sage, weil ich jede Anweisung nur einmal vorlesen werde. In Satz A habe ich euch vorgemacht, um was es bei den Aufgaben geht. Wer liest einmal den ganzen Satz mit dem durchgestrichenen Wort vor?"

Der Testleiter wiederholt:
„Ich kann gut Name lesen. Dieser Satz ergibt keinen richtigen Sinn, weil ein Wort zuviel enthalten ist. Ein Wort passt nicht in den Satz. Welches Wort ist das?"

Bei richtiger Lösung:
„Richtig. Das Wort Name ist falsch. Deshalb habe ich es auch durchgestrichen. Ohne das Wort Name lautet der Satz ‚Ich kann gut lesen'. Das ist ein sinnvoller Satz."

Nennt das aufgerufene Kind ein anderes Wort, sagt der Testleiter den Satz ohne das genannte Wort.
„Du siehst, das gibt auch keinen Sinn. Das Wort Name ist falsch. Deshalb habe ich es auch durchgestrichen. Ohne das Wort Name lautet der Satz ‚Ich kann gut lesen'. Das ist ein sinnvoller Satz."

Stolperwörter-Lesetest Anweisungen 1 von 3
„Auch im Satz B ist ein Wort zuviel. Ihr sollt es durchstreichen. Um das falsche Wort zu finden, müsst ihr den Satz gründlich und genau lesen. Tut dies bitte jetzt und streicht das falsche Wort durch."

Nicht mehr als 20 Sekunden Zeit geben.
„Welches ist das falsche Wort in Satz B?"

Bei falscher Antwort:
„Nein, das stimmt leider nicht. Der richtige Satz lautet: ‚Mein Freund ist acht Jahre alt.' Das Wort ‚jung' ist also zuviel. Das Wort ‚jung' musste durchgestrichen werden."

Bei richtiger Antwort:
*„Ja, das stimmt. Der richtige Satz lautet: ‚Mein Freund ist acht Jahre alt.' Das Wort ‚jung' ist also zuviel. Das Wort ‚jung' musste durchgestrichen werden.
In allen Sätzen dieses Tests ist immer ein Wort falsch. Ihr sollt immer das falsche Wort herausfinden und durchstreichen. Es ist immer genau ein Wort falsch.
Streicht nun bitte in den Sätzen C, D und E jeweils das falsche Wort durch.
Blättert bitte noch nicht um."*

Für alle drei Sätze nicht mehr als eine halbe Minute Zeit geben (1. Klasse länger). Anschließend die Lösungen von den Kindern nennen lassen und durch Wiederholen korrigieren oder bestätigen:

„C Nein, das ist leider nicht richtig. / Ja, das stimmt. Das Wort ‚Haus' ist falsch. Der richtige Satz lautet: ‚In unserer Schule sind viele Kinder.' Das Wort ‚Haus' muss durchgestrichen sein.

D Nein, das ist leider nicht richtig. / Ja, das stimmt. Das Wort ‚schmeckt' ist falsch. Der richtige Satz lautet: ‚Möchtest du ein Glas Milch trinken?' Das Wort ‚schmeckt' muss durchgestrichen sein.

E Nein, das ist leider nicht richtig. / Ja, das stimmt. Das Wort ‚schöne' ist falsch. Der richtige Satz lautet: ‚Meine Hose ist neu.' Das Wort ‚schöne' muss durchgestrichen sein.

Auf den nächsten drei Seiten findet ihr sehr viele solcher Sätze. In jedem Satz ist genau ein Wort zu viel. Dieses falsche Wort sollt ihr jeweils durchstreichen.

Lest euch die Sätze gründlich und genau, aber auch möglichst rasch durch. Wenn ihr nicht gleich auf das falsche Wort kommt, lasst den Satz aus und macht mit dem nächsten weiter. Ihr sollt versuchen, möglichst viele Sätze zu schaffen.

Wenn ihr mit einer Seite fertig seid, macht sofort auf der nächsten Seite weiter."

Stolperwörter-Lesetest Anweisungen 2 von 3

„Wenn ihr aus Versehen ein anderes Wort durchgestrichen habt, dann radiert bitte nicht, sondern kreist dieses Wort ein (– an der Tafel vormachen –) *und streicht das Wort durch, das tatsächlich falsch ist.*

Wenn ich sage, dass die Zeit um ist, dann legt ihr bitte alle den Stift sofort aus der Hand.

Dreht jetzt bitte um und beginnt bei Satz 1. Fangt jetzt an."

Nach dem Ende der Testzeit sagt der Testleiter:

„Die Zeit ist um. Legt jetzt bitte den Stift aus der Hand.
Ihr braucht nicht enttäuscht sein, dass ihr nicht alles geschafft habt.
Dieser Test ist auch für höhere Klassen gedacht."

Stolperwörter-Lesetest Anweisungen 3 von 3

Der Testleiter sammelt die Blätter ein.

2. Lesetest für die Klassen 5 – 8

1. Kurzbeschreibung

Zielsetzung

Der Lesetest 5–8 misst die grundlegende Lesefertigkeit. Bei Schülern ist die Lesegeschwindigkeit ein wichtiger Faktor zur Beurteilung der Lesefertigkeit.

Aufbau

Die Schüler lesen leise eine Liste inhaltlich sehr leichter Sätze. Am Ende jedes Satzes muss angekreuzt werden, ob die Aussage des Satzes richtig (R) oder falsch (F) ist.
Als Rohwert (RW) der Leistungsbeurteilung wird die Anzahl der in 3 Minuten korrekt bearbeiteten Sätze herangezogen.

Durchführung

Der Test kann mit allen Schülern einer Klasse gleichzeitig durchgeführt werden und beansprucht einschließlich dem Austeilen und Einsammeln der Testbogen sowie der Instruktion rund 15 Minuten. Die Auswertung anhand von Schablonen dauert wenige Minuten pro Schüler.

Normen

Prozentrangnormen für die Anzahl korrekter Lösungen: Aus der Normtabelle kann die Leseleistung in Prozenträngen bzw. T-Werten direkt abgelesen werden. Eine Normierung liegt jeweils für das Schuljahresende der 5., 6., 7. und 8. Jahrgangsstufe vor (4. Quartal). Der Test kann auch im 1. Quartal (Schuljahresanfang) durchgeführt werden (Anfang der 7. Klasse die Normen für Ende der 6. Klasse). Für jeden dieser Zeitpunkte gibt es sowohl eine Gesamtnormierung als auch eine separate Normierung für Gymnasien als eine zweite Gruppe. Da für alle Jahrgangsstufen dasselbe Satzmaterial verwendet wird, kann ein Rückstand oder Vorsprung der Lesefertigkeit auch in Entwicklungsjahren ausgedrückt werden. Aufgrund der besonderen Differenzierungseigenschaften des Verfahrens kann unter Verwendung der vorliegenden Normen auch der Entwicklungsrückstand schwacher Leser in höheren als der 8. Schulstufe bzw. der Entwicklungsvorsprung begabter Grundschüler ermittelt werden.

Auswertung:

Lösungsschablonen können mithilfe der Lösungsblätter in Folien angefertigt werden. Von der Gesamtzahl bearbeiteter Aufgaben ist durch Subtraktion der Auslassungen und Fehler der Rohwert zu errechnen.

2. Anweisung

Die Testblätter sind entsprechend zu bearbeiten.
Auf das Deckblatt werden die Daten eingetragen (Name, Klasse, Testdatum), die Aufgaben werden gemeinsam besprochen.
Der Lesetest kann mit allen Schülern einer Klasse gleichzeitig durchgeführt werden.
Bei der Durchführung des Tests in der Klasse ist darauf zu achten, dass die Schüler nicht abgelenkt sind.

Für die Testdurchführung wird benötigt:

- 1 Uhr mit Sekundenanzeige
- 1 Testbogen pro Schüler
- 1 Testbogen für die Lehrkraft zum Erklären.
- 2 Stifte für jeden Schüler (1 Stift dient als Reserve)

Bei der Durchführung sollte beachtet werden:
- Die Testbogen zeigen mit der Vorderseite nach oben.
- Die Schüler dürfen während der Anweisung nicht weiterblättern.
- Die Schüler dürfen nicht radieren oder einen Tintenkiller benutzen.
- Alle Schüler bearbeiten die Übungssätze anweisungsgemäß.
- Die Schüler blättern während der Testphase selbstständig weiter.
- Lautes Lesen und der Blick zum Nachbarn werden untersagt.
- Alle Schüler müssen nach exakt 3 Minuten die Bearbeitung beenden.

3. Wörtliche Anweisungen (Objektivität)

„Ich habe euch Sätze zum Lesen mitgebracht. Das, was in einem Satz gesagt wird, stimmt aber nicht immer. Ihr sollt deshalb bei jedem Satz markieren, ob er wahr oder falsch ist. Nehmt dazu bitte zwei Stifte heraus – der zweite ist nur zur Reserve."

[*In den höheren Schulstufen ergänzen:*
„Die Sätze kommen euch wahrscheinlich recht leicht vor. Das ist deshalb so, weil auch jüngere Schüler und Schülerinnen dieselben Sätze lesen. So kann man dann auch feststellen, um wie viel ihr bereits besser seid. Stoßt euch also nicht am Inhalt der Sätze. Es geht nur darum, wie schnell ihr seid, und nicht um euer Wissen."]

„Ihr bekommt jetzt von mir einen Bogen. Bitte nicht weiterblättern oder umdrehen und auch noch nichts ausfüllen. Wir machen die erste Seite gemeinsam."
[*Bogen werden mit dem Deckblatt nach oben zeigend ausgeteilt.*]

„Schreibt bitte euren Namen, die Klasse und das heutige Datum darauf."

„So, sind alle fertig?"

„(Name eines Schülers), liest du bitte den ersten Satz vor."

»Ihr seht jetzt hinter dem Satz ein R und F. Wenn ein Satz wahr ist, sollt ihr das R einkreisen, wenn er falsch ist, sollt ihr das F einkreisen.«

„Was müsst ihr beim ersten Satz machen?"
„Genau, dieser Satz ist wahr, deshalb müsst ihr das R einkreisen."

„Weil ihr das Ganze dann so schnell wie möglich machen sollt, kann es passieren, dass ihr plötzlich merkt, dass ihr eigentlich das andere Zeichen einkreisen wolltet. Ihr sollt dann nicht radieren oder löschen, weil das zu lange dauert. Übermalt einfach das Zeichen, das ihr irrtümlich eingekreist habt und kreist das andere Zeichen ein. Ich zeige euch das einmal vor."

[*Lehrkraft zeigt es an der Tafel mit dem ersten R – F – Paar vor.*]

„Ihr braucht die R oder die F auch nicht besonders schön einzukreisen, es reicht, wenn man erkennen kann, welches der beiden ihr eingekreist habt."

[*Das schnelle Einkreisen wird an der Tafel vorgezeigt. Dabei werden die Fälle von nicht ganz sauberen R gezeigt und es wird darauf hingewiesen, dass es in Ordnung ist, wenn das so aussieht.*]

„So, die restlichen Sätze auf dieser Seite macht ihr alleine – aber noch nicht weiterblättern."

„Auf den nächsten drei Seiten kommen viele Sätze. Ihr sollt jeden Satz so bearbeiten, wie wir das gerade gemeinsam gemacht haben. Wenn ihr mit den ersten zwei Seiten fertig seid, dann blättert ihr gleich zur letzten Seite weiter."

[*Lehrkraft blättert den Bogen kurz zur Demonstration durch, achtet aber darauf, dass die Schüler nicht in ihren Heften mitblättern.*]

„Ihr habt 3 Minuten Zeit und sollt so schnell wie möglich arbeiten. Es werden aber nur die Sätze gewertet, die ihr richtig eingekreist habt – also auch genau lesen."

„Macht die Aufgabe leise und ohne zum Nachbarn zu schauen. Es gibt nämlich verschiedene Satzlisten und das Hinüberschauen kostet euch nur Zeit."

„Hat noch jemand eine Frage? „ [*Wenn nicht:*]

„OK, dann Achtung, fertig, los."

[*Nach exakt 3 Minuten Bearbeitungszeit:*]
„Stopp, bitte alle den Stift weglegen!"

4. Ermittlung des Rohwertes

Zunächst ist der Rohwert des Testergebnisses zu bestimmen. Hierzu wird auf jede Seite des Testheftes die entsprechende Auswertungsfolie aufgelegt. Diese kann mit Hilfe der Auswertungsschablonen selbst angefertigt werden.
Im unteren Teil des Deckblattes sollte dann Folgendes eingetragen werden:

- *Die Nummer des letzten bearbeiteten Satzes:* Als letzter bearbeiteter Satz gilt stets der letzte markierte Satz, auch wenn zuvor Sätze ausgelassen wurden oder der letzte Satz falsch beurteilt wurde.
- *Die Anzahl an falsch beurteilten Sätzen:* Als falsch beurteilt gelten Sätze, bei denen entweder der falsche Buchstabe eingekreist wurde oder die Markierung nicht eindeutig ist (z. B. Markierung genau zwischen den beiden Buchstaben oder beide markiert und keine der beiden Markierungen ungültig gemacht). Nicht markierte Sätze werden nicht als falsch beurteilte Sätze gewertet.
- *Die Anzahl ausgelassener Sätze:* Damit ist die Anzahl an Sätzen gemeint, die vor dem letzten markierten Satz stehen und nicht markiert wurden. Dabei kann es sich um einzelne Sätze handeln, aber auch um Teile von Seiten oder ganze Seiten.

5. Ermittlung der Leseleistung

Zur Ermittlung der Leseleistung muss zunächst jene Normtabelle ausgewählt werden, die für den Zeitpunkt der vorgenommenen Testung am besten geeignet ist. Liegt der Testzeitpunkt ziemlich genau zwischen zwei Normierungszeitpunkten, dann sollte aus jeder der beiden Normtabellen der Prozentrang bzw. T-Wert abgelesen werden. Als faire Leistungsbeurteilung sollte dann das arithmetische Mittel der beiden Werte herangezogen werden. Um die Werte aus einer Normtabelle abzulesen, wird der Rohwert des Testergebnisses (Anzahl korrekt bearbeiteter Sätze) in der äußersten linken Spalte der gewählten Normtabelle gesucht. In den sich nach rechts anschließenden Spalten finden sich in derselben Zeile die Werte für die Gesamtheit der Schüler sowie für das Gymnasium. Die Spaltenköpfe zeigen zudem den Mittelwert (*M*), sowie die Anzahl der Schüler (*N*) in der betreffenden Stichprobe.

6. Beurteilung des Leseentwicklungsstandes

Neben dem Rohwert und den Prozenträngen bzw. T-Werten kann für die Ergebnisse im Lesetest auch noch eine dritte Kenngröße zur Beurteilung der Lesefertigkeit ermittelt werden, nämlich der zeitliche Vorsprung oder Rückstand in der Leseentwicklung. Diese Auswertung wird dadurch ermöglicht, dass im Testverfahren über alle vier Schulstufen hinweg ein und dasselbe Lesematerial verwendet wird.
Wenn ein Schüler am Ende der 8. Schulstufe 30 Sätze korrekt bearbeiten konnte, so entspricht dies in der Gesamtheit der Schüler – d. h. ohne den Schultyp zu beachten – einem Prozentrang von 12 bzw. einem T-Wert von 38. Es besteht der Verdacht einer Lesestörung. Um einschätzen zu können, wie weit dieser Schüler in der Leseentwicklung zurückliegt, kann in den Tabellen der früheren Normierungszeitpunkte jener Zeitpunkt gesucht werden, bei dem der Rohwert von 30 korrekt beurteilten Sätze verglichen wird. In der 5. Schulstufe ergibt der Rohwert von 30 Sätzen einen PR von 38 (T-Wert = 47). Die von dem Schüler in der 8. Schulstufe erreichte Anzahl an Sätzen entsprach schon in der 5. Jahrgangsstufe einer niedrigen Leseleistung. Es liegt ein Rückstand in der Leseentwicklung von über vier Jahren vor. Ergeben solche Vergleiche über die Normtabellen hinweg aber einen Vor-

sprung oder Rückstand von z. B. nur einem Jahr, so sollte dieser Interpretation kein allzu großes Gewicht beigemessen werden. Dies deshalb, weil sich die durchschnittlichen Leseleistungen zwischen den einzelnen Schulstufen in diesem Alter nur um wenige Sätze unterscheiden. Geringe Einflusse auf die Leseleistung, wie etwa die augenblickliche Konzentrationsfähigkeit zum Testzeitpunkt, können hier einen Effekt in vergleichbarer Größenordnung bewirken. Für die Einschätzung des Entwicklungsstandes von begabten Schülern der Grundschule oder schwachen Lesern in höheren als der 8. Schulstufe sind das Verfahren sowie die angegebenen Normwerte ebenfalls gut geeignet.

7. Beurteilung der Leistung einer ganzen Klasse

Wird der Lesetest nicht zur Beurteilung einzelner Schüler herangezogen, sondern soll eine ganze Klasse daraufhin untersucht werden, ob der Leistungsstand der statistischen Norm entspricht, so ist das arithmetische Mittel der Rohwerte zu berechnen. Mit diesem Wert kann dann die Leseleistung der Klasse in der entsprechenden Normtabelle abgelesen werden.

8. Interpretation und Beurteilung

Erreicht ein Schüler ein sehr gutes Testergebnis, spricht dies recht zuverlässig für eine gute Lesefertigkeit. Werden unterschiedliche Testformen verwendet, ist ein Abschreiben vom Sitznachbarn nicht möglich und oberflächliches Lesen in Verbindung mit Raten führt in jedem Fall zu einer auffällig hohen Anzahl an Bearbeitungsfehlern.

Anders verhält es sich mit der Aussagekraft schwacher Testergebnisse. Mangelnde Motivation oder schlechte Konzentrationsfähigkeit können das Testergebnis beeinträchtigen. Dies ist z. B. bei Schülern mit Aufmerksamkeitsdefizit-/Hyperaktivitätsstörung (ADHS) leicht möglich. Hier empfiehlt sich die Wiederholung als Einzeltestung unter Verwendung einer anderen Satzversion. Bei Einzeltestungen haben Schüler mit ADHS in der Regel geringere Probleme als in der Gruppe.

Tritt eine größere Zahl an Fehlern oder Auslassungen auf, kann auch nicht ganz ausgeschlossen werden, dass ein eingeschränkter Wortschatz oder ein sehr gering ausgeprägtes Sprachverständnis ein besseres Testergebnis verhindert haben. Zur Abklärung dieser Frage sollte ein Sprachtest oder der Verbalteil eines Intelligenztests durchgeführt werden. Sind Wortschatz- und Wissensvoraussetzungen tatsächlich weit unterdurchschnittlich, dann sollte die Beurteilung der Lesefähigkeit unabhängig von Anforderungen des Leseverständnisses erfolgen.

Hat ein Schüler mehr als drei Satze ausgelassen oder falsch bearbeitet, sollte das Ergebnis vorsichtig bewertet werden. Wurden mehr als fünf Satze ausgelassen oder falsch bearbeitet, sollte das erreichte Testergebnis nicht mehr zu einem Urteil über die Lesefertigkeit herangezogen werden.

Denkbar ist auch der Fall, dass ein Schüler entgegen der Aufforderung, möglichst schnell zu lesen und zu urteilen, Entscheidungen durch nochmaliges Lesen des Satzes nachprüft. Besteht ein solcher Verdacht, so kann der Test als Einzeltestung unter Verwendung einer anderen Satzversion wiederholt werden. Dabei sollte in der Instruktion und bei den Übungssätzen besonders auf den Aspekt des raschen Arbeitens geachtet werden.

Wurden bei einem Schüler in der Bearbeitung des Tests Komplikationen beobachtet (z. B. Schwierigkeiten mit dem Stift), sollte das Testergebnis nur mehr als Schätzung herangezogen werden, welches Leseniveau zumindest vorliegt. Wie weit die tatsachliche Lesefertigkeit über diesem Niveau liegt, lässt sich dabei schwer abschätzen.

Zur normbezogenen Beurteilung der im Test erbrachten Leistung werden Prozentränge oder T-Werte herangezogen. Für die Einordnung der Leistung anhand der Werte kann folgende Einteilung herangezogen werden:

PR	T-Wert	Leseniveau	Interpretation
> 99	> 74	extrem hoch	sehr begabt
92 – 99	64 – 73	sehr hoch	begabt
76 – 90	57 – 63	hoch	ohne Probleme
27 – 73	44 – 56	durchschnittlich	hinterfragen
10 – 24	37 – 43	schwach	Verdacht auf Schwäche
1,5 – 8	28 – 36	sehr schwach	Verdacht auf Störung
< 1	< 27	extrem schwach	größte Probleme

Beispiel: Es sind die Grenzbereiche wie „Durchschnittlich" besonders zu beachten. Ein Prozentrang von 27–50 sollte hinterfragt werden. Der Schüler hat eine Leseleistung im untersten Bereich von durchschnittlich. Ähnlich sind andere Werte nach unten oder nach oben zu interpretieren.
Bei der Beurteilung müssen die Gesamtnormen herangezogen werden. Die Normen für das Gymnasium dienen lediglich für einen schulartspezifischen Vergleich.
Über dieses Verfahren wird speziell die Lesegeschwindigkeit erfasst. Über die Lesegenauigkeit, also Fehler, die ein Kind beim Lesen macht, und auch über das Leseverständnis werden keine Aussagen gemacht. Die Lesegeschwindigkeit wurde als Teilkomponente der Lesekompetenz gewählt, da sich in der neueren Forschung zeigte, dass sich durchschnittliche Leser von schwachen Lesern in Hinblick auf das Lesetempo unterscheiden, kaum aber hinsichtlich der Lesegenauigkeit. In höheren Klassen, in denen vermehrt das Leseverständnis gefragt wird, ist die Lesegeschwindigkeit eine grundlegende Komponente; denn ein beeinträchtigtes Textverständnis ergibt sich in der Regel als Folge des langsamen und mühevollen Zusammenlesens. Die Lesegeschwindigkeit als grundlegende Fertigkeit stellt einen guten Indikator für die Lesefähigkeit insgesamt dar.
Dieses Verfahren ist besonders im Schulalltag einsetzbar, um den Leistungsstand einer Klasse zu bestimmen, bzw.als grobes „Screening", um leistungsschwächere Schüler im Klassenverband herausfiltern zu können.
Es ist zu empfehlen, für die Beurteilung individueller Schwächen in den Teilfertigkeiten des Lesens noch Einzelverfahren einzusetzen. Dies erscheint notwendig, um eine genaue qualitative Analyse der Lesefehler durchzuführen und dann diagnosegeleitete Fördermaßnahmen einzuleiten (Einsatz von Beratungsfachkräften).

Fördermaßnahmen zur Verbesserung der Lese- und Rechtschreibleistungen im Sekundarstufenbereich sind an mindestens vier Voraussetzungen gebunden:

1. Es muss ein Bedarf an Förderung bestehen (nicht nur Beschäftigung).
2. Es müssen allgemeine Umsetzungsmöglichkeiten für Maßnahmen gegeben sein.
3. Es müssen der Problemlage angemessene Maßnahmen entwickelt, dokumentiert und erprobt sein.
4. Die Maßnahmen müssen so erfolgreich sein, dass der Bedarf an Förderung reduziert werden kann.

9. Anhang

9.1 Normtabellen: 5. Jahrgangsstufe

Rohwert RW	*Gesamt T-Wert*	*Gesamt PR*	*Gymnasium T-Wert*	*Gymnasium PR*		*Gesamt*	*Gymnasium*
11	28	1,5	24	< 1	*MW*	31,2	36,4
12	29	2	25	< 1	*N*	983	512
13	30	2,5	26	< 1			
14	31	3	27	1			
15	32	3,5	28	1,5			
16	33	4	29	2			
17	34	5	30	2,5			
18	35	7	31	3			
19	36	8	32	3,5			
20	37	10	33	4			
21	38	12	34	5			
22	39	13	35	7			
23	40	16	36	8			
24	41	18	37	10			
25	42	21	38	12			
26	43	24	39	13			
27	44	27	40	16			
28	45	31	41	18			
29	46	34	42	21			
30	47	38	43	24			
31	48	42	44	27			
32	49	46	45	31			
33	50	50	46	34			
34	51	54	47	38			
35	52	58	48	42			
36	53	62	49	46			
37	54	66	50	50			
38	55	69	51	54			
39	56	73	52	58			
40	57	76	53	62			
41	58	79	54	66			
42	59	82	55	69			
43	60	84	56	73			
44	61	86	57	76			
45	62	88	58	79			
46	63	90	59	82			
47	64	92	60	84			
48	65	93	61	86			
49	66	95	62	88			
50	67	96	63	90			
51	68	96,5	64	92			
52	69	97	65	93			
53	70	97,5	66	94			
58	71	98	67	96			
55	72	98,5	68	96,5			
56	73	99	69	97			
57	74	> 99	70	97,5			
58	75	> 99	71	98			
59	76	> 99	72	98,5			
60	77	> 99	73	99			
61	78	> 99	74	> 99			
62	79	> 99	75	> 99			
63	80	99,9	76	> 99			
64			77	> 99			
65			78	> 99			
66			79	> 99			
67			80	99,9			
68							

9.2 Normtabellen: 6. Jahrgangsstufe

Rohwert RW	*Gesamt T-Wert*	*Gesamt PR*	*Gymnasium T-Wert*	*Gymnasium PR*		*Gesamt*	*Gymnasium*
11	25	< 1	21	< 1	*MW*	33,6	40,5
12	26	< 1	22	< 1	*N*	512	343
13	27	1	23	< 1			
14	28	1,5	24	< 1			
15	29	2	25	< 1			
16	30	2,5	26	< 1			
17	31	3	27	1			
18	32	3,5	28	1,5			
19	33	4	29	2			
20	34	5	30	2,5			
21	35	7	31	3			
22	36	8	32	3,5			
23	37	10	33	4			
24	38	12	34	5			
25	39	13	35	12			
26	40	16	36	13			
27	41	18	37	10			
28	42	21	38	12			
29	43	24	39	13			
30	44	27	40	16			
31	45	31	41	18			
32	46	34	42	21			
33	47	38	43	24			
34	48	42	44	27			
35	49	46	45	31			
36	50	50	46	34			
37	51	54	47	38			
38	52	58	48	42			
39	53	62	49	46			
40	54	66	50	50			
41	55	69	51	54			
42	56	73	52	58			
43	57	76	53	62			
44	58	79	54	66			
45	59	82	55	69			
46	60	84	56	73			
47	61	86	57	76			
48	62	88	58	79			
49	63	90	59	82			
50	64	92	60	84			
51	65	93	61	86			
52	66	95	62	88			
53	67	96	63	90			
58	68	96,5	64	92			
55	69	97	65	93			
56	70	97,5	66	94			
57	71	98	67	96			
58	72	98,5	68	96,5			
59	73	99	69	97			
60	74	> 99	70	97,5			
61	75	> 99	71	98			
62	76	> 99	72	98,5			
63	77	> 99	73	99			
64	78	> 99	74	> 99			
65	79	> 99	75	> 99			
66	80	99,9	76	> 99			
67			77	> 99			
68			78	> 99,7			

9.3 Normtabellen: 7. Jahrgangsstufe

Rohwert RW	*Gesamt T-Wert*	*Gesamt PR*	*Gymnasium T-Wert*	*Gymnasium PR*		*Gesamt*	*Gymnasium*
11	22	< 1			*MW*	40,0	45,5
12	23	< 1			*N*	853	256
13	24	< 1					
14	25	< 1					
15	26	< 1	20	< 1			
16	27	1	21	< 1			
17	28	1,5	22	< 1			
18	29	2	23	< 1			
19	30	2,5	24	< 1			
20	31	3	25	< 1			
21	32	3,5	26	< 1			
22	33	4	27	1			
23	34	5	28	1,5			
24	35	7	29	2			
25	36	8	30	2,5			
26	37	10	31	3			
27	38	12	32	3,5			
28	39	13	33	4			
29	40	16	34	5			
30	41	18	35	12			
31	42	21	36	13			
32	43	24	37	10			
33	44	27	38	12			
34	45	31	39	13			
35	46	34	40	16			
36	47	38	41	18			
37	48	42	42	21			
38	49	46	43	24			
39	50	50	44	27			
40	51	54	45	31			
41	52	58	46	34			
42	53	62	47	38			
43	54	66	48	42			
44	55	69	49	46			
45	56	73	50	50			
46	57	76	51	54			
47	58	79	52	58			
48	59	82	53	62			
49	60	84	54	66			
50	61	86	55	69			
51	62	88	56	73			
52	63	90	57	76			
53	64	92	58	79			
58	65	93	59	82			
55	66	95	60	84			
56	67	96	61	86			
57	68	96,5	62	88			
58	69	97	63	90			
59	70	97,5	64	92			
60	71	98	65	93			
61	72	98,5	66	94			
62	73	99	67	96			
63	74	> 99	68	96,5			
64	75	> 99	69	97			
65	76	> 99	70	97,5			
66	77	> 99	71	98			
67	78	> 99	72	98,5			
68	79	> 99	73	99			
69	80	99,9	74	99,2			

9.4 Normtabellen: 8. Jahrgangsstufe

Rohwert RW	*Gesamt T-Wert*	*Gesamt PR*	*Gymnasium T-Wert*	*Gymnasium PR*	*MW N*	*Gesamt*	*Gymnasium*
12	20	< 1					
13	21	< 1					
14	22	< 1			*MW*	43,5	47,0
15	23	< 1			*N*	950	254
16	24	< 1	20	< 1			
17	25	< 1	21	< 1			
18	26	< 1	22	< 1			
19	27	1	23	< 1			
20	28	1,5	24	< 1			
21	29	2	25	< 1			
22	30	2,5	26	< 1			
23	31	3	27	1			
24	32	3,5	28	1,5			
25	33	4	29	2			
26	34	5	30	2,5			
27	35	7	31	3			
28	36	8	32	3,5			
29	37	10	33	4			
30	38	12	34	5			
31	39	13	35	7			
32	40	16	36	8			
33	41	18	37	10			
34	42	21	38	12			
35	43	24	39	13			
36	44	27	40	16			
37	45	31	41	18			
38	46	34	42	21			
39	47	38	43	24			
40	48	42	44	27			
41	49	46	45	31			
42	50	50	46	34			
43	51	54	47	38			
44	52	58	48	42			
45	53	62	49	46			
46	54	66	50	50			
47	55	69	51	54			
48	56	73	52	58			
49	57	76	53	62			
50	58	79	54	66			
51	59	82	55	69			
52	60	84	56	73			
53	61	86	57	76			
58	62	88	58	79			
55	63	90	59	82			
56	64	92	60	84			
57	65	93	61	86			
58	66	94	62	88			
59	67	96	63	90			
60	68	96,5	64	92			
61	69	97	65	93			
62	70	97,5	66	95			
63	71	98	67	96			
64	72	98,5	68	96,5			
65	73	99	69	97			
66	74	> 99	70	97,5			
67	75	> 99	71	98			
68	76	> 99	72	98,5			

10. Lesetest für die Klassenstufen 5–8

Name: ____________________Vorname: ________________________ Geb.-Datum: ___________

Testdatum:________________ Muttersprache: ________________________Klasse: ___________

Während der Weihnachtsferien ist schulfrei. ☒ F
Auf Haselnussbäumen wachsen Kichererbsen. R F
Wölfe und Tiger gehören zur Familie der Fische. R F
Mit Turnschuhen kann man besser laufen als mit Gartenstiefeln. R F

Nummer des letzten bearbeiteten Satzes: __________
Anzahl der falsch beurteilten Sätze: _______________
Anzahl der ausgelassenen Sätze: _________________
Anzahl der richtig beurteilten Sätze: _______________

1. Verwendete Normtabelle: ______ 2. Normtabelle: ______ T-Wert: ______ PR: ______

1. Zuckerwatte ist klebrig und schmeckt süß. R F
2. Jemand, der Bücher schreibt, ist ein Sänger. R F
3. Ein Löwenzahn ist eine fleischfressende Pflanze. R F
4. Eine Woche hat sieben Tage. R F
5. Auf der Tafel schreibt man mit Kreide. R F
6. Elefanten sind große, schwere Tiere mit einem langen Rüssel. R F
7. Eskimos leben in der australischen Wüste. R F
8. Äpfel, Birnen und Kirschen wachsen auf Bäumen. R F
9. Von einer Uhr kann man ablesen, wie schwer man ist. R F
10. Mit einer Fernbedienung kann man telefonieren. R F
11. In einem Supermarkt kann man viele verschiedene Dinge kaufen. R F
12. Im Badezimmer findet man immer eine Straßenlaterne. R F
13. Markus ist ein bekannter Mädchenname. R F
14. Manche Leute haben Kontaktlinsen statt einer Brille. R F
15. Zum Zähneputzen verwendet man am besten eine Zahnbürste. R F
16. Heidelbeermarmelade wird aus Kartoffelteig gemacht. R F
17. Bei einem Gewitter kann es blitzen, donnern und regnen. R F
18. Im Winter, wenn es schneit, fallen die Schneeflocken vom Himmel. R F
19. Im Mathematikunterricht arbeitet man viel mit Zahlen. R F
20. Ein Baumhaus befindet sich normalerweise im Keller eines Wohngebäudes. R F
21. Ein Berg, der Feuer und Lava speit, ist ein Ventilator. R F
22. Am Ostersonntag suchen alle Kinder die versteckten Christbaumkugeln. R F
23. Die Sommermonate heißen Juni, Juli, August und Sebastian. R F
24. Ein Stück Land, das von allen Seiten mit Wasser umgeben ist, nennt man Insel. R F
25. Jemand, der für andere Menschen gutes Essen kocht, ist ein Kameramann. R F
26. In den Schulferien fahren viele Familien mit ihren Kindern in den Urlaub. R F
27. Eine lange Geschichte, die meistens ein gutes Ende hat, ist ein Mückenstich. R F
28. Damit man Socken anziehen kann, muss man zuerst den Reißverschluss öffnen. R F
29. Einige Astronauten sind schon mit einer Rakete zum Mond geflogen. R F

30. In unseren heimischen Bächen und Flüssen leben besonders viele Krokodile und Haie. R F

31. Krankenpfleger haben die Aufgabe, die Patienten im Krankenhaus zu betreuen. R F

32. Wenn man eine Kuh zu lange melkt, gibt sie Brombeersirup. R F

33. Mit einem Rettungswagen transportiert man alte, löchrige Hosen. R F

34. Wenn zwei Autos mit hoher Geschwindigkeit zusammenkrachen, nennt man das Unkraut. R F

35. In den langen Winternächten sind die Sonnenstrahlen besonders stark. R F

36. Ein Baby ist ein kleines, hilfloses Kind, das von den Eltern versorgt werden muss. R F

37. Mit einem Hausboot kann man schöne Spazierfahrten auf der Straße machen. R F

38. Bei einem Einsatz der Feuerwehr muss immer eine Kindergärtnerin anwesend sein. R F

39. Ein Mikroskop ist ein Gerät, mit dem man winzige Objekte sichtbar machen kann. R F

40. Ein Sturzhelm ist eine Kopfbedeckung, die außen hart ist und den Kopf schützt. R F

41. Die Augen sind Sinnesorgane, mit denen wir Töne und Geräusche wahrnehmen können. R F

42. Am Ende eines Schuljahres verteilt der Bundespräsident an jeder Schule die Zeugnisse. R F

43. Einen Ort, an dem große und kleine Flugzeuge starten und landen, nennt man Flughafen. R F

44. Das Fahrrad ist ein umweltschonendes Fortbewegungsmittel, das kein Benzin benötigt. R F

45. Ein Lokal, in dem man zu moderner Musik tanzen kann, nennt man Diskothek. R F

46. Damit man die Radfahrprüfung besteht, ist es unbedingt erforderlich, gut schwimmen zu können. R F

47. In einem Kino kann man mit vielen Menschen gemeinsam auf einer großen Leinwand Filme sehen. R F

48. Beim Pilzesammeln muss man vorsichtig sein, weil es auch ungenießbare und giftige Pilze gibt. R F

49. Eine motorbetriebene Maschine, die Tragflächen hat und fliegen kann, nennt man Kaffeemaschine. R F

50. Ein Freund oder eine Freundin ist jemand, den du kennst, den du magst und dem du vertraust. R F

51. Regenwasser kann in der Regentonne gesammelt und zum Blumengießen im Garten verwendet werden. R F

52. Krokodile sind Tiere mit einem langen Schwanz und mächtigen Kiefern voll spitzer Zähne. R F

53. Wenn man bei einer Mathematikaufgabe Schwierigkeifen hat, fragt man am besten ein Kindergartenkind. R F

54. Erwachsene, die am Abend von der Arbeit nach Hause kommen, sind müde, weil sie den ganzen Tag gespielt haben. R F

55. Der Planet Merkur ist von der Erde nicht weit entfernt und ist besonders für Lehrer ein beliebtes Urlaubsziel. R F

56. Auf der Autobahn sieht man vor allem Menschen, die mit Höchstgeschwindigkeit auf ihren Fahrrädern dahinrasen. R F

57. Lawinensuchhunde können mit ihrem hervorragenden Geruchssinn verschüttete Schifahrer finden. R F

58. Ein Lehrer sollte viel Wissen haben, besonders wenn es um das Fliesenlegen im Badezimmer geht. R F

59. In einem Abenteuerroman kann man nachschlagen, was bestimmte Wörter bedeuten. R F

60. Wenn ich jemanden anrufen möchte und die Telefonnummer nicht kenne, sehe ich in der Tageszeitung nach. R F

61. Um schmutzige Hände wieder sauber zu bekommen, wäscht man sie am besten mit Seife und trocknet sie anschließend mit einem Handtuch ab. R F

62. Mit ihren langen Hälsen und langen Beinen überragen die Schildkröten alle anderen Tiere der Erde. R F

63. Ein Boot, das durch Muskelkraft bewegt wird, indem man die Ruder durch das Wasser zieht, nennt man Segelboot. R F

64. Zugvögel fliegen im Herbst, bevor es kalt wird, in den warmen Süden und kommen im Frühling wieder zurück. R F

65. Beim Atmen ziehen wir durch die Nase und den Mund Luft in unseren Körper und blasen sie durch die Ohren wieder aus. R F

66. Etwas Wolliges, Warmes, das man meistens im Winter aufsetzt, wenn es schneit wenn ein kalter Wind weht, ist eine Pfütze. R F

67. Ein Gebäude, in dem interessante, ungewöhnliche und oft sehr alte Dinge ausgestellt sind, nennt man Sporthalle. R F

68. Wenn eine Katze und eine Maus zusammentreffen, so kann man davon ausgehen, dass die Katze die Maus jagen wird und nicht umgekehrt. R F

69. Weil nur wenige Schüler, so wie du, in drei Minuten bis zu diesem Satz kommen, kannst du davon ausgehen, dass du ein sehr guter Leser bist. R F

10. Lesetest für die Klassenstufen 5–8 (LÖSUNG)

Name: ____________________ Vorname: ________________________ Geb.-Datum: ____________

Testdatum: ________________ Muttersprache: ________________________ Klasse: ____________

Während der Weihnachtsferien ist schulfrei. **R** F

Auf Haselnussbäumen wachsen Kichererbsen. R **F**

Wölfe und Tiger gehören zur Familie der Fische. R **F**

Mit Turnschuhen kann man besser laufen als mit Gartenstiefeln. **R** F

Nummer des letzten bearbeiteten Satzes: __________

Anzahl der falsch beurteilten Sätze: __________

Anzahl der ausgelassenen Sätze: __________

Anzahl der richtig beurteilten Sätze: __________

1. Verwendete Normtabelle: ______ 2. Normtabelle: ______ T-Wert: ______ PR: ______

1. Zuckerwatte ist klebrig und schmeckt süß. **R** F
2. Jemand, der Bücher schreibt, ist ein Sänger. R **F**
3. Ein Löwenzahn ist eine fleischfressende Pflanze. R **F**
4. Eine Woche hat sieben Tage. **R** F
5. Auf der Tafel schreibt man mit Kreide. **R** F
6. Elefanten sind große, schwere Tiere mit einem langen Rüssel. **R** F
7. Eskimos leben in der australischen Wüste. R **F**
8. Äpfel, Birnen und Kirschen wachsen auf Bäumen. **R** F
9. Von einer Uhr kann man ablesen, wie schwer man ist. R **F**
10. Mit einer Fernbedienung kann man telefonieren. R **F**
11. In einem Supermarkt kann man viele verschiedene Dinge kaufen. **R** F
12. Im Badezimmer findet man immer eine Straßenlaterne. R **F**
13. Markus ist ein bekannter Mädchenname. R **F**
14. Manche Leute haben Kontaktlinsen statt einer Brille. **R** F
15. Zum Zähneputzen verwendet man am besten eine Zahnbürste. **R** F
16. Heidelbeermarmelade wird aus Kartoffelteig gemacht. R **F**
17. Bei einem Gewitter kann es blitzen, donnern und regnen. **R** F
18. Im Winter, wenn es schneit, fallen die Schneeflocken vom Himmel. **R** F
19. Im Mathematikunterricht arbeitet man viel mit Zahlen. **R** F
20. Ein Baumhaus befindet sich normalerweise im Keller eines Wohngebäudes. R **F**
21. Ein Berg, der Feuer und Lava speit, ist ein Ventilator. R **F**
22. Am Ostersonntag suchen alle Kinder die versteckten Christbaumkugeln. R **F**
23. Die Sommermonate heißen Juni, Juli, August und Sebastian. R **F**
24. Ein Stück Land, das von allen Seiten mit Wasser umgeben ist, nennt man Insel. **R** F
25. Jemand, der für andere Menschen gutes Essen kocht, ist ein Kameramann. R **F**
26. In den Schulferien fahren viele Familien mit ihren Kindern in den Urlaub. **R** F
27. Eine lange Geschichte, die meistens ein gutes Ende hat, ist ein Mückenstich. R **F**
28. Damit man Socken anziehen kann, muss man zuerst den Reißverschluss öffnen. R **F**
29. Einige Astronauten sind schon mit einer Rakete zum Mond geflogen. **R** F

30. In unseren heimischen Bächen und Flüssen leben besonders viele Krokodile und Haie. R **F**

31. Krankenpfleger haben die Aufgabe, die Patienten im Krankenhaus zu betreuen. **R** F

32. Wenn man eine Kuh zu lange melkt, gibt sie Brombeersirup. R **F**

33. Mit einem Rettungswagen transportiert man alte, löchrige Hosen. R **F**

34. Wenn zwei Autos mit hoher Geschwindigkeit zusammenkrachen, nennt man das Unkraut. R **F**

35. In den langen Winternächten sind die Sonnenstrahlen besonders stark. R **F**

36. Ein Baby ist ein kleines, hilfloses Kind, das von den Eltern versorgt werden muss. **R** F

37. Mit einem Hausboot kann man schöne Spazierfahrten auf der Straße machen. R **F**

38. Bei einem Einsatz der Feuerwehr muss immer eine Kindergärtnerin anwesend sein. R **F**

39. Ein Mikroskop ist ein Gerät, mit dem man winzige Objekte sichtbar machen kann. **R** F

40. Ein Sturzhelm ist eine Kopfbedeckung, die außen hart ist und den Kopf schützt. **R** F

41. Die Augen sind Sinnesorgane, mit denen wir Töne und Geräusche wahrnehmen können. R **F**

42. Am Ende eines Schuljahres verteilt der Bundespräsident an jeder Schule die Zeugnisse. R **F**

43. Einen Ort, an dem große und kleine Flugzeuge starten und landen, nennt man Flughafen. **R** F

44. Das Fahrrad ist ein umweltschonendes Fortbewegungsmittel, das kein Benzin benötigt. **R** F

45. Ein Lokal, in dem man zu moderner Musik tanzen kann, nennt man Diskothek. **R** F

46. Damit man die Radfahrprüfung besteht, ist es unbedingt erforderlich, gut schwimmen zu können. R **F**

47. In einem Kino kann man mit vielen Menschen gemeinsam auf einer großen Leinwand Filme sehen. **R** F

48. Beim Pilzesammeln muss man vorsichtig sein, weil es auch ungenießbare und giftige Pilze gibt. **R** F

49. Eine motorbetriebene Maschine, die Tragflächen hat und fliegen kann, nennt man Kaffeemaschine. R **F**

50. Ein Freund oder eine Freundin ist jemand, den du kennst, den du magst und dem du vertraust. **R** F

51. Regenwasser kann in der Regentonne gesammelt und zum Blumengießen im Garten verwendet werden. **R** F

52. Krokodile sind Tiere mit einem langen Schwanz und mächtigen Kiefern voll spitzer Zähne. **R** F

53. Wenn man bei einer Mathematikaufgabe Schwierigkeifen hat, fragt man am besten ein Kindergartenkind. R **F**

54. Erwachsene, die am Abend von der Arbeit nach Hause kommen, sind müde, weil sie den ganzen Tag gespielt haben. R **F**

55. Der Planet Merkur ist von der Erde nicht weit entfernt und ist besonders für Lehrer ein beliebtes Urlaubsziel. R **F**

56. Auf der Autobahn sieht man vor allem Menschen, die mit Höchstgeschwindigkeit auf ihren Fahrrädern dahinrasen. R **F**

57. Lawinensuchhunde können mit ihrem hervorragenden Geruchssinn verschüttete Schifahrer finden. **R** F

58. Ein Lehrer sollte viel Wissen haben, besonders wenn es um das Fliesenlegen im Badezimmer geht. R **F**

59. In einem Abenteuerroman kann man nachschlagen, was bestimmte Wörter bedeuten. R **F**

60. Wenn ich jemanden anrufen möchte und die Telefonnummer nicht kenne, sehe ich in der Tageszeitung nach. R **F**

61. Um schmutzige Hände wieder sauber zu bekommen, wäscht man sie am besten mit Seife und trocknet sie anschließend mit einem Handtuch ab. **R** F

62. Mit ihren langen Hälsen und langen Beinen überragen die Schildkröten alle anderen Tiere der Erde. R **F**

63. Ein Boot, das durch Muskelkraft bewegt wird, indem man die Ruder durch das Wasser zieht, nennt man Segelboot. R **F**

64. Zugvögel fliegen im Herbst, bevor es kalt wird, in den warmen Süden und kommen im Frühling wieder zurück. **R** F

65. Beim Atmen ziehen wir durch die Nase und den Mund Luft in unseren Körper und blasen sie durch die Ohren wieder aus. R **F**

66. Etwas Wolliges, Warmes, das man meistens im Winter aufsetzt, wenn es schneit wenn ein kalter Wind weht, ist eine Pfütze. R **F**

67. Ein Gebäude, in dem interessante, ungewöhnliche und oft sehr alte Dinge ausgestellt sind, nennt man Sporthalle. R **F**

68. Wenn eine Katze und eine Maus zusammentreffen, so kann man davon ausgehen, dass die Katze die Maus jagen wird und nicht umgekehrt. **R** F

69. Weil nur wenige Schüler, so wie du, in drei Minuten bis zu diesem Satz kommen, kannst du davon ausgehen, dass du ein sehr guter Leser bist. **R** F

3. Diagnostische Wortlisten zur Erfassung der Rechtschreibleistungen Klassenstufen 1 – 3

Stufen des Schriftspracherwerbs

In ihrem Modell des Leselernprozesses spricht FRITH (1986) von drei Stufen, einer logographischen, einer alphabetischen und einer orthographischen.
Bei der logographischen Stufe reproduzieren die Kinder auf diesem Niveau Wortbilder aus dem Gedächtnis und man kann kontrollieren, ob die Buchstabenfolge der Lautfolge im gesprochenen Wort entspricht. Es handelt sich um eine rein visuelle Leistung. Das Lesen auf dieser Stufe ist ein Wiedererkennen von Wortbildern, das sich an einzelnen Merkmalen des Wortes orientiert, so dass die Wörter Taxi, Max und Axt gleichermaßen als „Taxi" gelesen werden.
Die alphabetische Stufe orientiert sich an den Lautwerten der Buchstaben. Ähnliche Vokale und Konsonanten werden noch verwechselt. Das Kind erwirbt dann die orthographische richtige Schreibweise, indem es nach der richtigen Schreibweise fragt.

1. Erfahrungen mit der Wortliste

Zu den Fehlerarten bei sehr schwachen Schülern kann eine weitere Stufe eingeordnet werden:
Die geschriebenen „Wörter" setzten sich aus willkürlich aneinandergereihten Buchstabenfolgen zusammen, die den Schreibungen der logographischen Stufe nach FRITH nicht glichen, weil es sich um freie Kombinationen von Buchstabenfolgen handelte, ohne erkennbaren Bezug zum Wortbild.
Vielmehr scheint sich in diesen Schreibungen das Versagen von Kindern zu dokumentieren, deren Lernprozess stagniert. Sie können zwar Buchstaben und sogar ganze Reihen verschiedener Buchstaben aus dem Gedächtnis reproduzieren, jedoch ohne Verbindung zu den Lautwerten der Buchstaben. Umgekehrt ist es ihnen nicht möglich, die Laute des gesprochenen Wortes auch nur annähernd in die entsprechenden Schriftzeichen umzusetzen.
An dieser Stelle sei eine kritische Anmerkung zu der heute verbreiteten lesedidaktischen Auffassung erlaubt, die davon ausgeht, dass alle Kinder auf dem rechten „Weg zur Schrift" sind, nur unterschiedlich lange Zeit brauchen, bis sie lesen und rechtschreiben können (Brügelmann 1983, Dehn 1988). Die Schreibungen dieser Gruppe von Kindern sprechen eher für einen „Holzweg" im Leselernprozess, der nicht zum Ziel führt. Kinder, die so schreiben, finden ohne spezifische Hilfen nicht den Zugang zum Leselernprozess! Für sie ist der Weg zum funktionalen Analphabetismus vorgezeichnet. Umso wichtiger erscheint, dass sie möglichst früh erkannt werden und die notwendigen Hilfen erhalten.
Unter pragmatischem Aspekt kann man aus den Modellvorstellungen und unseren Beobachtungen den Schluss ziehen, dass es im Hinblick auf förderdiagnostische Entscheidungen hilfreich ist, die folgenden Stufen zu unterscheiden:

- Oberflächenstruktur des Schreibens: Kritzelbriefe. Stadium bei Kindern im Kindergartenalter.
- Oberflächenstruktur des Schreibens: Buchstabenreihungen ohne Bezug zum Lautbestand oder Schriftbild des Wortes. Fortentwicklung der Kritzelbriefe, jedoch nicht auf dem Weg zur Schrift. Eine Sackgasse: Stagnieren des Schriftspracherwerbs
- Logographemische Schreibungen.
  Fortentwicklung der Kritzelbriefe im Sinne des Wiedererkennens und Benennens visuell gespeicherter Wortbilder. Noch keine Laut-Buchstabenverbindungen! Eine Zwischenstufe „auf dem Weg zur Schrift" (Brügelmann 1976), die zugunsten der alphabetischen Strategie überwunden werden muss.

- Skelettschreibungen mit Bezug zu den Lauten des gesprochenen Wortes. Erster Schritt auf dem Weg zur alphabetischen Strategie. Erste Laut-Buchstabenverbindungen werden erworben.
- Vollständige alphabetische Schreibungen, lautgetreu, noch nicht orthographisch. Wichtigste Aneignungsstufe, auf der Lautgebärden den Lernprozess aktivieren, unterstützen und vorantreiben können.
- Orthographische Schreibungen. Diese Stufe beginnt in der Regel schon im Verlauf der zweiten Klassenstufe, wenn die Kinder Wörter mit Dehnung und Dopplung sowie Auslaute korrekt zu schreiben beginnen. Der Aneignungsprozess auf dieser Stufe dauert bei vielen Kindern während der ganzen Schulzeit an.

2. Konkrete Probleme bei der Entwicklung von Sreeningverfahren

Da ein Siebungs- oder Sichtungsverfahren beabsichtigt war, mit dem zwar alle Kinder einer Klasse oder eines Schülerjahrgangs erfasst, aber die schwächsten Leser bzw. Rechtschreiber gefunden werden sollten, bot sich an, vorwiegend auf leichte Schwierigkeitsgrade abzuzielen.
Die Wörter werden nach Diktat geschrieben. Lehrkräfte können allerdings beim Diktieren unterschiedlich deutlich artikulieren oder das Tempo des Schreibens vorgeben. Damit werden die Leistungen der Kinder beeinflusst.
Von Schwierigkeitsstufen bei Wörtern ist in der Literatur sehr wenig die Rede. Alle neueren Erkenntnisse aber über den Leselernprozess, die sich überwiegend auf Beobachtungen gründen, deuten darauf hin, dass Silben aus zwei Lauten, nämlich einem Konsonanten und einem Vokal sowie Wörter aus zwei Silben für Leseanfänger leichter zu erlesen und zu schreiben sind als Wörter mit mehr Konsonanten in der Silbe und längere Wörter. Es erschien daher geraten, vorwiegend zweisilbige Wörter der Struktur Konsonant-Vokal/Konsonant-Vokal auszuwählen.
Bei einem Diktat durch die Lehrkräfte werden unterschiedliche Bedingungen hergestellt; denn die eine Lehrkraft artikuliert sehr genau, mit gut beobachtbaren Mundbewegungen, die andere nicht.
In Bezug auf die Fibelunabhängigkeit des Screeningverfahrens war anzunehmen, dass Kinder, die im Lesenlernen Fuß gefasst haben, sich Ende der ersten Klasse jedes Wort erlesen können, nicht nur Wörter, die ihnen in Fibeltexten schon einmal begegnet sind. Bis auf die Buchstaben x, y und qu dürften bis dahin in jedem Fibellehrgang alle Laut-Buchstabenverbindungen gesichert sein.

3. Die Wortauswahl

Die Wortauswahl in dem Screeningverfahren war so zu treffen, dass die Kinder mit der fortgeschrittenen alphabetischen Strategie die Anforderung erfüllen können.
Aus diesen Gründen fiel die Entscheidung zugunsten einer Liste von 24 Wörtern für Substantive, die überwiegend zweisilbig waren.
Einige wenige Wörter hatten nicht die einfache Silbenstruktur Konsonant – Vokal. Vier von den 24 Wörtern waren Einsilber mit einem oder zwei Konsonanten am Wortende. Je sieben Wörter enthielten drei und mehr Silben, um auch für die besseren Leser und Schreiber einen höheren Schwierigkeitsgrad in die Liste mit aufzunehmen.

4. Normen und statistische Kennwerte

Prozentrangnormen wurden für altersgerecht eingeschulte Erstklässler für das Ende des Schuljahrs (Juni/Juli) errechnet (Tab. 1). Überalterte Kinder, d. h. Zurückgestellte und daher verspätet Eingeschulte sowie Wiederholer der ersten Klasse und Kinder mit nichtdeutscher Muttersprache wurden in die Normierungsstichprobe nicht aufgenommen. Die Errechnung der Prozentrangnormen ermöglicht – getrennt nach Geschlechtern – eine klassenübergreifende, normorientierte Einstufung der Schülerleistung. Mädchen schneiden erfahrungsgemäß bei Lese- und Rechtschreibtests besser ab.

5. Anweisungen für die Durchführung

Für alle zwei Verfahren lautet die Anweisung, die man den Kindern gibt, dem Sinne nach gleich: WL 1, WL 2:
„Auf die Blättern, die ich euch gleich geben werde, diktiere ich Wörter. Ich bin gespannt, wie viele dieser Wörter Ihr schon schreiben könnt.
Schreibt bitte zuerst Euren Vornamen oben auf das Blatt, dort, wo das Wort „Name“ steht. Dahinter schreibt Ihr Eure Klasse.“ (*an der Tafel vormachen, z. B.: Peter, Klasse 2a*). Dort, wo „Testdatum“ steht, schreibt Ihr das Datum von heute“ (*ebenfalls an die Tafel schreiben*).
Nachdem die Kinder Namen, Klasse und Datum eingetragen haben, fährt man in der Anweisung fort.
„Ich diktiere nun die Wörter. Schreibt die Wörter untereinander. Nun probiert, wie viele Wörter Ihr schon schreiben könnt!“
(*Lehrkräfte bereiten die Blätter vor mit den Daten und der Fehlerarten!*)

6. Die quantitative Auswertung: Wortfehler

Für jedes Wort wird bestimmt, ob es lautverändernde Fehler enthält oder nicht. Als Wortfehler zählen wir dann die in diesem Sinne falsch geschriebene Wörter, nicht jedoch Schreibungen wie Hohse, Hunt oder Wige.
Die Gesamtzahl der Wortfehler wird im Kopf des DWL-Bogens eingetragen. Man kann anhand der Tabellen dieser Fehlerzahl den entsprechenden Prozentrang zuordnen.
Als besonders kritisch gelten Fehlerzahlen von 20 und mehr in der DWL1 (Ende Klasse 1) und 15 und mehr im Quartal 1 der Klasse 2, sowie 14 und mehr in der DWL 2. Kinder mit einer solchen Fehlerzahl haben erfahrungsgemäß nicht sicher genug lesen und schreiben gelernt, um auf diesen Stand weiter aufzubauen. Sie sollten ggf. schon um die Mitte der ersten Klasse bzw. zu Beginn der zweiten in irgendeiner Form einen Intensivkurs absolvieren. Ohne gezielte und kompakte Hilfe stehen diese Kinder in der Gefahr, analphabetisch zu bleiben, mit den bekannten gravierenden psychischen Folgen. (Siehe Tabelle „Interpretation“!)

7. Die qualitative Auswertung: vier Fehlerkategorien

Da man sich in den Diagnostischen Wörterlisten auf ein relativ einfach strukturiertes Wortmaterial stützt, das bis auf wenige Ausnahmen der Lautanalyse leicht zugänglich ist, da man ferner die Probleme der Dehnung und Dopplung vermeidet, kommt man mit vier Fehlerkategorien aus. Diese vier Kategorien besitzen erfahrungsgemäß diagnostische Relevanz: sie verhelfen zum Förderansatz beim einzelnen Kind.

- **L = Lautgetreue Lösungen**
  Wörter, in denen nur lautgetreue, aber orthographisch nicht korrekte Schreibungen vorkommen, werden nicht als Fehlerwörter gezahlt. Die lautgetreuen Verstöße spielen aber für die qualitative Auswertung eine wichtige Rolle.
  Die Fehlerkategorie „L“ bilden wir, um die Güte der Schreibungen zu erkennen. Wer einen hohen Prozentsatz an lautgetreuen Lösungen aufweist, hat eine gute Basis im Lesen erworben und wird auch mit den später zu bearbeitenden Rechtschreibproblemen weniger Schwierigkeiten haben. Wie oben bereits angeführt, gelten als lautgetreue Verstöße alle orthographischen Fehler, die den Klang des Wortes nicht verändern, wie Hunt, Zige, Kamehl u. a.

- **WD = Fehler der Wahrnehrungsdurchgliederung**
  Immer dann, wenn der Lautbestand eines Wortes etwas hinzugefügt wurde oder wenn Laute fehlen, signieren wir „WD“. Für unleserliche Schreibungen, die keine Beziehung zum Lautbestand des gemeinten Wortes erkennen lassen (Nirel für Hose z. B.) geben wir 4 WD-Verstöße, um eine Gewichtung für den Schweregrad des Versagens zu erhalten.
  Bei dieser Fehlerkategorie achten wir allerdings auf drei Stufen des Schweregrades:
  - Keine Beziehung zum Lautbestand des Wortes, Aneinanderreihungen von Buchstabenformen:
    Moleir – Hund, Ts – Wiege, ateirimene – Haus.

In diesen Schreibungen drückt sich aus, dass der Leselernprozess keine Basis hat. Das Kind konnte bisher keine Laut-Buchstabenverbindungen erwerben. Es ist nicht auf dem Weg zur Schrift (Brügelmann).

- Unvollständige Schreibungen (rudimentäre Schreibungen), bei denen aber Anfangslaute schon überwiegend und Endlaute gelegentlich getroffen werden:
  Drine für Daumen, Schal für Schaukel, Ulu für Nadel.
  Dieses Kind zeigt erste Ansätze sicherer Lautbuchstabenverbindungen. Es wird aber im Leselernprozess stagnieren, wenn nicht alsbald individuell gezielte Hilfe einsetzt.
- Unvollständige Schreibungen, in denen aber das „Skelett“ des Wortes schon erkennbar ist (Skelettschreibungen). Es kommen fast ausschließlich Laute vor, die das gesprochene Wort enthält:
  Bsn für Besen, Kaml für Kamel, Rakt für Rakete.
  Dieses Kind ist schon „auf dem Weg zur Schrift“. Wenn es aber bereits am Ende der ersten oder in der Mitte der zweiten Klasse steht, braucht es gleichfalls dringend Hilfe. Dies gilt umso mehr, sofern das Kind bereits überaltert ist.

- **WT-Fehler der Wahrnehrnungstrennschärfe**
  Dies sind Verstoße, die auch bei vollständiger Wiedergabe des Lautbestandes im Wort vorkommen. Sie treten häufiger auf, sobald einem lese-rechtschreibschwachen Kind weniger Auslassungen unterlaufen.
  Die häufigsten Fehler dieser Art, die im 2. bis 4. Schuljahr die Schreibungen lese-rechtschreibschwacher Kinder geradezu charakterisieren können, sind die Vertauschungen von
  a-o, m-n, n-r, t-f, H-k, h-k (visuelle Fehler)
  o-u, e-i, ii-ie, o-e, b-p, d-t, g-k, w-f (auditive Fehler).
  Beispiele sind:
  Huse statt Hose, Babakei statt Papagei, Lewe statt Löwe.
  Wir kennzeichnen aber auch andere Ersetzungen, die diesen beiden Gruppen nicht zuzuordnen sind, mit „WT“, weil wir uns aus pragmatischen Gründen auf vier Kategorien beschränken wollen.

- **WR-Fehler der Wahrnehmungsrichtung**
  Es sind dies die Fehler, die früher als „legastheniespezifisch“ bezeichnet wurden. Sie kommen aber, wie schon Schenk-Danzinger betonte, bei den Schreibungen lese-rechtschreibschwacher Kinder nicht sehr häufig vor. Am ehesten treten sie im individuellen Fehlerprotokoll mit relativ hohen Prozentanteilen beim Lesen auf, und zwar unter folgenden Bedingungen:
  - in der 2. und 3. Klassenstufe,
  - wenn man Wörterlisten zu lesen gibt (keine Texte!),
  - die solche Vertauschungen provozieren (Biene – Beine z. B.).

  In den Fehlerprotokollen der Diagnostischen Wörterlisten finden wir solche Fehler bei einzelnen Kindern allerdings auch. Wir unterscheiden drei Gruppen:
  Spiegelbildfehler
  b-d, ie-ei, p-q (Zeige statt Ziege, danane statt banane, Gadel statt Gabel);
  Drehfehler oder Rotationen
  d-g, b-g, a-e (Reden statt Regen, Waben statt Wagen);
  Reihenfolge- oder Sequenzfehler
  (Kamle statt Kamel, Segimo statt Eskimo).
  Da sehr häufig alle diese Fehler bei ein- und demselben Kind auftreten, halten wir eine gesonderte Signierung nicht für notwendig.
  Bei hoher Wortfehlerzahl sprechen vor allem viele WD-Fehler für die Notwendigkeit eines Neuanfangs im Lesen und Schreiben. Bei 20 und mehr Fehlerwörtern im Fehlerprotokoll haben wir zwischen 70 und 95 % Verstoße gegen die Wahrnehmungsdurchgliederung gefunden. Auch bei geringeren Wortfehlerzahlen (z. B. 16–19) bezeichnen wir die Kinder als „Nullanfänger“, wenn die WDFehler am häufigsten vorkommen.

8. Anhang

Tabelle 1:
Prozentrangnormen für die Diagnostische Wörterliste 1
Ende 1. Klasse (Juni)

Fehler	*PR*	*T-Wert*	*Interpretation*
0	100	80	
1	92	64	
2	83	60	
3	72	56	
4	63	53	
5	55	51	
6	50	50	
7	44	49	
8	38	47	
9	36	46	Probleme ?
10	30	45	
11	27	44	
12	23	43	
13	22	42	
14	19	41	
15	17	40	Verdacht auf Schwäche
16	15	39	
17	13	38	
18	12	38	
19	10	37	
20	9	37	
21	8	36	
22	6	35	Verdacht auf Störung
23	4	33	
24	2	29	
N:	2167		

Tabelle 2:
Prozentrangnormen für die Diagnostische Wörterliste 1
Ende des 1. Quartals Klasse 2 (Nov./Dez.)

Fehler	*PR*	*T-Wert*	*Interpretation*
0	100	80	
1	94	66	
2	82	59	
3	70	55	
4	59	52	
5	48	49	
6	40	47	Probleme ?
7	34	46	
8	28	44	
9	23	43	
10	20	42	
11	16	40	Verdacht auf Schwäche
12	14	39	
13	13	39	
14	11	38	
15	9	37	
16	7	35	
17	6	35	
18	5	34	
19	4	33	Verdacht auf Störung
20	4	33	
21	3	31	
22	2	30	
23	2	29	
24	1	27	
N:	1252		

Tabelle 3: Prozentrangnormen für die Diagnostische Wörterliste 2
(Orientierungsnormen für Jungen und Mädchen) – 2. Klasse Februar

Fehler	*PR*	*T-Wert*	*Interpretation*	*Fehler*	*PR*	*T-Wert*	*Interpretation*
				10	23	43	
0	100	80		12	14	39	Verdacht auf Schwäche
1	94	66		13	10	37	
2	89	63		14	7	35	
3	83	60		15	5	34	
4	75	57		16	4	33	
5	66	54		17	3	31	
6	57	52		18	2	30	Verdacht auf Störung
7	47	49		19	2	29	
8	38	47	Probleme?	20	1	27	
9	30	45		21	0	24	
				22	0	23	
				N:	626		

9. Die Wörter der Diagnostischen Wörterlisten (DWL 1 u. DWL 2)

DWL 1		DWL 2	
Form A:		Form A:	
links:	*rechts:*	*links:*	*rechts:*
Hase	Rakete	Schere	Bart
Reiter	Tafel	Wagen	Schleife
Schienen	Schaukel	Telefon	Krone
Mond	Banane	Tube	Korken
Wagen	Telefon	Kran	Blume
Hand	Ziege	Blatt	Pinsel
Besen	Papagei	Brief	Brille
Schwan	Tube	Turm	Bürste
Nagel	Eskimo	Stern	Fenster
Taube	Eimer	Zelt	Laterne
Zaun	Schokolade	Schild	Kalender
Kamel	Lokomotive		

Form B:		Form B:	
links:	*rechts:*	*links:*	*rechts:*
Hose	Tomate	Schuhe	Wurm
Leiter	Nadel	Regen	Schraube
Schere	Schaufel	Raupe	Knoten
Mund	Banane	Rakete	Kerze
Regen	Elefant	Kreuz	Flasche
Hund	Wiege	Brause	Birne
Besen	Papagei	Brot	Wolke
Schwein	Lupe	Schirm	Bürste
Gabel	Eskimo	Stern	Fenster
Raupe	Zeiger	Geld	Laterne
Haus	Schokolade	Pilz	Kalender
Kamel	Lokomotive		

10. Testblatt

Die Diagnostische Wörterliste 1 oder 2

Form A ❐ Form B ❐ (Bitte ankreuzen!)

Name: ____________________ Vorname: ____________________ Geburtsdatum: ________

Klasse: ______ Schule: ______________________________ Testdatum: ____________

links	rechts

Auswertung:				
Quantitative Auswertung	Wortfehler:	Prozentrang:	T-Wert:	Interpretation:
Qualitative Auswertung	Lautgetreue Lösungen:	WD:	WT:	WR:

4. Rechtschreibscreening Klassenstufen 3 – 10

1. Einsatz und Ziel

Es gibt Kriterien, die den Einsatz dieses Screenings rechtfertigen. Für das Verfahren gilt Ökonomie und Nützlichkeit; denn für die Durchführung benötigt man eine knappe halbe Stunde und der Materialaufwand ist gering. Die Nützlichkeit ergibt sich aus dem Einsatzziel: Die Ermittlung von Schülern, bei denen eine Lese-Rechtschreibschwäche vermutet wird und die eine gezielte Förderung erhalten sollen.

2. Durchführung

Anweisung für die Schüler

„Heute schreibt ihr ein Diktat etwas anders als ihr es gewohnt seid. Ich diktiere euch zunächst das gesamte Diktat. Ich lese dann jeden Satz vor und erst jetzt schreibt ihr die fehlenden Wörter in die entsprechenden Lücken, in der die Wörter fehlen."

Das Lückenwörterdiktat wird wie folgt durchgeführt:

- Die Lehrkraft liest zunächst den Text vollständig vor und die Schüler lesen den Text still mit.
- Anschließend wird jeder Satz artikuliert vorgelesen; dabei schreiben die Schüler die entsprechenden „Schlüsselwörter" in die Lücken.
- Zum Abschluss wird der gesamte Text nochmals vorgelesen, so dass die Schüler eine letzte Kontroll- und Korrekturmöglichkeit haben.
- Dauer der Durchführung: etwa 25 Minuten

3. Lückenwörter-Diktat (36 Items ab Mitte des 3. Schuljahres einsetzbar)

Auf dem Fußballplatz

Eine **riesige** Menschenmenge **umsäumt** den Sportplatz. **Geduldig** wartet sie auf den Beginn des **spannenden** Spieles. Um 15 Uhr laufen beide **Mannschaften** auf das **Spielfeld**.
Der **Anpfiff** durch den **Schiedsrichter** ertönt.
Der Spielverlauf ist zunächst **ausgewogen**.
Doch bald **stellt** sich heraus, dass die Mannschaft mit den gelben Trikots den anderen **stark** überlegen ist.
Die **Angriffe** erfolgen **blitzartig** und ganz **unerwartet**.
Der beste Spieler auf dem Fußballplatz ist der **Mittelstürmer**.
Er ist sehr **schnell** und **überspielt** oft einen Gegner nach dem anderen. **Treffsicher** schießt er dann den Ball ins Tor.
Die **Zuschauer** sind **begeistert**, sie schreien und **spenden stets** reichen **Beifall**.
In der zweiten **Halbzeit** versucht nun die schwächere Mannschaft, durch **vollen** Einsatz dem Spiel noch eine **Wende** zu geben.
Doch es hilft **nichts**, auch wenn ihre Freunde sie **anfeuern** und **anspornen**.
Das Spiel **endet** unter dem **Jubel**, mit Klatschen und **Gesängen** der Zuschauermenge mit dem Sieg der **Eintracht**.
Müde und **matt** verlassen die Spieler den Rasen.

4. Lückenwörter-Diktat und Wörterdiktat (46 Items sind ab Ende des 3. Schuljahres einsetzbar)

Wörterdiktat ohne Angabe der Groß- bzw. Kleinschreibung (10 Wörter)
Da es sich bei den „10 Wörtern" um kritische Items handelt, die erfahrungsgemäß trotz intensiven Übens häufig falsch geschrieben werden (z.B. statt Maschine „Maschiene" oder statt Fernsehapparat „Fernsehapperat"), empfiehlt sich der Hinweis:
„Strengt euch bitte bei diesen Wörtern besonders an!"

(1) Maschine	(3) nämlich	(5) vielleicht	(7) müssen	(9) viele
(2) Fernsehapparat	(4) ziemlich	(6) fertig	(8) fliehen	(10) Grüße

5. 50 Wörter Form A und B (ab Beginn der 5.Jahrgangsstufe einsetzbar)

Anweisung für die Schüler

„Ich werde euch nun 50 Wörter diktieren, die leicht, mittelschwer, aber auch manchmal schwierig sind. Einzelne bekannte Fremdwörter können sogar Erwachsene nicht immer sicher richtig schreiben. Aber vielleicht schafft ihr es. Ich werde euch nach dem Diktat die richtige Schreibweise auf Wunsch sagen."

Jedes Wort soll mit deutlicher Artikulation (aber nicht übertrieben!) zweimal vorgelesen werden. Am Ende des Diktates werden die 50 Wörter noch einmal zur Kontrolle – und Korrekturmöglichkeit vorgelesen.

Dauer der Durchführung: etwa 20 Minuten

FormA

(1) während	(14) international	(27) vielleicht	(40) zäh
(2) handwerklich	(15) aktiv	(28) Spaß	(41) allmählich
(3) stundenlang	(16) Quantität	(29) interessant	(42) spannend
(4) tatsachlich	(17) Ingenieur	(30) Training	(43) erläutern
(5) absolvieren	(18) endlos	(31) Marathon	(44) angewidert
(6) Lange	(19) Theater	(32) endlich	(45) Apotheke
(7) verschieden	(20) Fehler	(33) Rhythmus	(46) wortgewandt
(8) gar nicht	(21) anstatt	(34) oval	(47) keuchen
(9) stattfinden	(22) seelenruhig	(35) schweißen	(48) Mühe
(10) Deutschland	(23) Widmung	(36) Gymnasium	(49) Gebäude
(11) Widerstand	(24) unzählige	(37) heimlich	(50) zum Arbeiten
(12) eindrucksvoll	(25) Quittung	(38) vielseitig	
(13) wechseln	(26) gestatten	(39) entsetzlich	

Form B

(1) während	(14) national	(27) vielleicht	(40) jäh
(2) kaufmännisch	(15) passiv	(28) Gruß	(41) allmählich
(3) tagelang	(16) Qualität	(29) interessant	(42) wütend
(4) hauptsachlich	(17) Ingenieur	(30) Trainer	(43) Erläuterung
(5) kontrollieren	(18) schuldlos	(31) Athlet	(44) zuwider
(6) Höhe	(19) Thermometer	(32) endlos	(45) Apotheker
(7) unterschiedlich	(20) Gewehr	(33) Rhythmus	(46) sprachgewandt
(8) gar kein	(21) stattdessen	(34) violett	(47) scheuchen
(9) stattgeben	(22) seelenlos	(35) reißen	(48) mühsam
(10) Deutschland	(23) widmen	(36) Sympathie	(49) gehäuft
(11) Widerspruch	(24) überzählig	(37) wohnlich	(50) beim Laufen
(12) gehaltvoll	(25) Quiz	(38) vielschichtig	
(13) drechseln	(26) erstatten	(39) entbehrlich	

6. Auswertung und Interpretation

Im Gegensatz zu der Auswertung herkömmlicher Diktate wird hier als Leistungskriterium nicht die Zahl der Fehler, sondern die Zahl der richtig geschriebenen Items (*Wörter*) zugrunde gelegt. Daher spielt auch zunächst die Zahl der Fehler in einem Wort keine Rolle. Grundlage für die Auswertung ist die Liste der *Wörter*, die zu schreiben sind. Anhand dieser Liste überprüft der Auswerter die Schreibungen der Schüler. Für jedes richtig geschriebene Wort erhält der Schüler einen Punkt. Die Summe der Punktwerte ergibt den Wert, der anhand der Normtabellen interpretiert werden kann. Zwischen den verschiedenen Testteilen gibt es keinen Unterschied, d.h. es gibt nur den Gesamtwert, der zur Interpretation herangezogen werden kann.

Für jede Klassenstufe gibt es eine Normentabelle, die für jeden möglichen Testwert (zwischen dem Minimum 0 und dem Maximum) einen Prozentrang angibt, der auf der Basis der jeweiligen Vergleichsgruppe ermittelt wurde. *Grundlage sind dabei alle Schüler, die diese Jahrgangsstufe besuchen.* (Eine „schulartspezifische Legasthenie" gibt es nicht!) Daher wurde auf schulartspezifische Normentabellen, die zwar vorliegen, verzichtet. Diese ermöglichen es natürlich, die Leistung eines Schülers auch im Hinblick auf die von ihm besuchte Schulart zusätzlich zu interpretieren. Die Tabelle 2 zeigt die Unhaltbarkeit solcher Messverfahren auf.

Beispiel:
Ein Schüler des 5. Jahrgangs Gymnasium erzielt beim Lückenwörter-Diktat „Auf dem Fußballplatz" einen Testwert von 28, bei den anschließend diktierten 10 Wörtern weitere 7 Punkte. Daraus ergibt sich ein Gesamtwert von 35 (28+7). Nach der Normentabelle für **alle** Schüler des 5. Jahrgangs entspricht dieser Testwert einem Prozentrang von 54. Dieses Ergebnis könnte man unter Zugrundelegung der bayerischen Neuregelung nicht als „Verdacht auf Rechtschreibschwäche" interpretieren.
Wenn die schulspezifische Normentabelle zugrunde gelegt würde, dann entspricht dieser Rohwert von 35 einem Prozentrang von 12, d. h. ein Gymnasiast fiele unter den getesteten 453 Schülern des Gymnasiums unter den Verdacht einer Rechtschreibschwäche. Es ist festzuhalten, dass mit diesem Ergebnis der Verdacht auf eine „Rechtschreibschwäche" nicht bestätigt ist. Der Schüler schneidet innerhalb seiner Schulform nicht gut ab. Nur 12 % der Schüler erzielten schlechtere Ergebnisse. Für eine Diagnose sind jedoch weitere Untersuchungen notwendig. Vergleiche können Sie den Tabellen 1 und 2 entnehmen.
Ergänzend zur quantitativen Auswertung kann als Zusatz eine fehleranalytische Auswertung vorgenommen werden.
Empfehlung: Bei Verdacht weitere Diagnostik durch Beratungsfachkräfte.

7. Einordnung und Beurteilung nach Rohwerten (= richtige Lösungen)

* Rechtschreib-Screening für 3. und 4.Klassen: Lückentest mit 36 Wörtern
Rechtschreib-Screening für alle Schularten: Lückentest und Wortdiktat mit 46 Wörtern

Jgst.	*N*	*MW*	*Verdacht auf*						
			Rechtschreibstörung			**Rechtschreibschwäche**			
			RW		RW	RW	Prozentrang		
*3	439	22,3	0	bis	10	**14**	ca. 5%	bzw.	**12 %**
*4	2792	24,8	0	bis	13	**17**	ca. 5%	bzw.	**12 %**
3	439	28,0	0	bis	14	**18**	ca. 5%	bzw.	**12 %**
4	2851	31,3	0	bis	16	**21**	ca. 5%	bzw.	**12 %**
5	2745	33,0	0	bis	19	**24**	ca. 5%	bzw.	**12 %**
6	2136	35,6	0	bis	21	**27**	ca. 5%	bzw.	**12 %**
7	1554	37,6	0	bis	23	**30**	ca. 5%	bzw.	**12 %**
8	503	39,4	0	bis	21	**28**	ca. 5%	bzw.	**12 %**
9	289	40,7	0	bis	15	**23**	ca. 5%	bzw.	**12 %**
	10517	Auswertung aller Schularten: VS, Gym, RS, WS							

Tabelle 1

Die Fragwürdigkeit der getrennten Auswertung nach Schularten

6 ges	2145	35,6	0	bis	21	**27**	ca. 5%	bzw.	**12 %**
6 VS	1592	34,9	0	bis	22	**17**	ca. 5%	bzw.	**12 %**
6 RS	235	39,7	0	bis	32	**35**	ca. 5%	bzw.	**12 %**
6 Gym	245	41,9	0	bis	36	**35**	ca. 5%	bzw.	**12 %**
5 ges	2745	33,0	0	bis	19	**24**	ca. 5%	bzw.	**12 %**
5 VS	1980	31,5	0	bis	18	**23**	ca. 5%	bzw.	**12 %**
5 Gym	453	40,1	0	bis	32	**35**	ca. 5%	bzw.	**12 %**
N = Anzahl der Schüler			*MW = Mittelwert*		*RW = Rohwert (Anzahl der richtigen Wörter)*				

Tabelle 2

8. Normentabellen 3

Jahrgangsstufe 3/36 Wörter		
Rohwert	*Prozentwert*	*T-Wert*
1	< 1	24
2	< 1	25
3	< 1	26
4	1	27
5	1,5	28
6	2	29
7	2,5	30
8	3	31
9	3,5	32
10	4	33
11	**7**	**35**
12	**8**	**36**
13	**10**	**37**
14	**12**	**38**
15	16	40
16	19	41
17	22	42
18	27	44
19	34	46
20	38	47
21	43	48
22	47	49
23	52	51
24	60	52
25	66	54
26	72	56
27	77	57
28	81	59
29	85	60
30	91	64
31	94	65
32	97	69
33	98,5	72
34	99	73
35	99,5	76
36	100	80
N:	**439**	
Mittelwert:	**22,3**	

Jahrgangsstufe 3/46 Wörter		
Rohwert	*Prozentwert*	*T-Wert*
5	< 1	25
6	< 1	26
7	1	27
8	1,5	28
9	2	29
10	2	29
11	2,5	30
12	3	31
13	3,5	32
14	5	34
15	**6**	**35**
16	**8**	**36**
17	**10**	**37**
18	**13**	**38**
19	15	39
20	17	41
21	20	42
22	24	43
23	28	45
24	33	46
25	37	47
26	40	48
27	43	48
28	48	49
29	54	51
30	59	52
31	64	53
32	70	55
33	74	56
34	79	58
35	83	59
36	87	61
37	90	63
38	93	65
39	95	66
40	96	67
41	97,5	70
42	98	71
43	99	73
44	99,6	77
45	99,7	78
46	100	80
N:	**439**	
Mittelwert:	**28,0**	

Tabelle 3

Verdacht auf Rechtschreibstörung

Verdacht auf Rechtschreibschwäche

Normentabellen 4

Jahrgangsstufe 4/36 Wörter			Jahrgangsstufe 4/46 Wörter		
Rohwert	*Prozentwert*	*T-Wert*	*Rohwert*	*Prozentwert*	*T-Wert*
1	< 1	20	5	< 1	24
2	< 1	21	6	< 1	25
3	< 1	22	7	< 1	26
4	< 1	23	8	1	27
5	< 1	24	9	1,5	28
6	< 1	25	10	2	29
7	< 1	26	11	2	29
8	1	27	12	2,5	30
9	1,5	28	13	3	31
10	2	29	14	3,5	32
11	3	31	15	4	33
12	4	33	16	5	34
13	5	34	**17**	**6**	**35**
14	**6**	**35**	**18**	**7**	**35**
15	**8**	**36**	**19**	**8**	**36**
16	**10**	**37**	**20**	**10**	**37**
17	**13**	**38**	**21**	**12**	**38**
18	16	40	22	14	39
19	20	42	23	16	40
20	23	43	24	19	41
21	28	44	25	22	42
22	33	46	26	25	43
23	38	47	27	29	45
24	43	48	28	33	46
25	49	49	29	37	47
26	55	52	30	41	48
27	62	53	31	46	49
28	68	55	32	51	50
29	74	56	33	55	51
30	81	59	34	61	52
31	87	62	35	66	54
32	92	64	36	71	55
33	95	66	37	76	57
34	98	71	38	80	58
35	99	73	39	85	61
36	100	80	40	89	63
			41	92	64
			42	95	66
			43	97	69
			44	99,4	75
			45	99,7	78
			46	100	80
N:	**2792**		**N:**	**2851**	
Mittelwert:	**24,8**		**Mittelwert:**	**31,3**	

Tabelle 4

Verdacht auf Rechtschreibstörung

Verdacht auf Rechtschreibschwäche

Normentabellen 5 und 6

Jahrgangsstufe 5/46 Wörter			Jahrgangsstufe 6/46 Wörter		
Rohwert	*Prozentwert*	*T-Wert*	*Rohwert*	*Prozentwert*	*T-Wert*
1	0		1	0	
2	0		2	< 1	20
3	0		3	< 1	21
4	0		4	< 1	22
5	< 1	20	5	< 1	23
6	< 1	21	6	< 1	24
7	< 1	22	7	< 1	25
8	< 1	23	8	< 1	26
9	< 1	24	9	1	27
10	< 1	25	10	1,5	28
11	< 1	26	11	2	29
12	1	27	12	2	29
13	1,5	28	13	2	29
14	2	29	14	2	29
15	2,5	30	15	2,5	30
16	3	31	16	3	31
17	3,5	32	17	3	31
18	4	33	18	3,5	32
19	5	34	19	4	33
20	**6**	**35**	20	4	33
21	**7**	**37**	21	5	34
22	**8**	**36**	**22**	**6**	**34**
23	**10**	**37**	**23**	**7**	**35**
24	**12**	**38**	**24**	**8**	**36**
25	14	39	**25**	**9**	**37**
26	17	41	**26**	**11**	**37**
27	20	42	**27**	**12**	**38**
28	23	43	28	14	49
29	26	44	29	18	41
30	30	45	30	20	42
31	34	46	31	24	43
32	38	47	32	28	44
33	43	48	33	31	45
34	48	49	34	35	46
35	54	51	35	40	47
36	60	52	36	46	49
37	66	54	37	51	50
38	72	56	38	57	52
39	77	57	39	65	54
40	82	59	40	72	56
41	87	61	41	78	58
42	92	64	42	85	61
43	95	66	43	90	63
44	97	69	44	95	66
45	99	73	45	98	71
46	100	80	46	100	80
N:	**2660**		**N:**	**2136**	
Mittelwert:	**33,6**		**Mittelwert:**	**35,6**	

Tabelle 5

Verdacht auf Rechtschreibstörung

Verdacht auf Rechtschreibschwäche

Normentabellen 7 und 8

Jahrgangsstufe 7/46 Wörter			Jahrgangsstufe 8/46 Wörter		
Rohwert	*Prozentwert*	*T-Wert*	*Rohwert*	*Prozentwert*	*T-Wert*
1	0		1		
2	0		2		
3	< 1	20	3	0	
4	< 1	21	4	0	
5	< 1	22	5	< 1	20
6	< 1	23	6	< 1	21
7	< 1	24	7	< 1	22
8	< 1	25	8	< 1	23
9	< 1	26	9	< 1	24
10	1	27	10	< 1	25
11	1,5	28	11	< 1	26
12	2	29	12	1	27
13	2	29	13	1,5	28
14	2	29	14	2	29
15	2,5	30	15	2	29
16	3	31	16	2,5	30
17	3	31	17	3	31
18	3	31	18	3,5	32
19	3,5	32	19	4	33
20	4	33	20	4	33
21	4	33	21	5	34
22	5	34	**22**	**6**	**35**
23	5	34	**23**	**6**	**35**
24	**6**	**35**	**24**	**7**	**35**
25	**6**	**35**	**25**	**7**	**35**
26	**8**	**36**	**26**	**9**	**36**
27	**9**	**37**	**27**	**10**	**37**
28	**10**	**37**	**28**	**13**	**39**
29	**11**	**37**	**29**	**16**	**40**
30	**12**	**38**	**30**	**16**	**40**
31	15	39	31	19	41
32	17	40	32	20	42
33	20	42	33	23	43
34	23	43	34	26	44
35	27	44	35	29	45
36	32	45	36	34	46
37	38	47	37	38	47
38	44	48	38	42	48
39	51	50	39	48	49
40	58	52	40	54	51
41	65	54	41	61	53
42	74	56	42	68	55
43	83	59	43	75	57
44	90	63	44	81	59
45	96	67	45	91	64
46	100	80	46	100	80
N:	**1554**		**N:**	**566**	
Mittelwert:	**34,7**		**Mittelwert:**	**37,7**	

Tabelle 6

Verdacht auf Rechtschreibstörung

Verdacht auf Rechtschreibschwäche

Normentabellen 9

Jahrgangsstufe 9/36 Wörter			Jahrgangsstufe 9 Gymnasium		
Rohwert	*Prozentwert*	*T-Wert*	*Rohwert*	*Prozentwert*	*T-Wert*
1	< 1	26	1		
2	1	27	2		
3	1,5	28	3		
4	2	29	4		
5	2	29	5		
6	2	29	6		
7	2	29	7		
8	2	29	8		
9	2,5	30	9		
10	3	30	10		
11	3	30	11		
12	3	30	12		
13	3,5	32	13		
14	4	33	14		
15	5	34	15		
16	5	34	16		
17	**7**	**35**	17		
18	**8**	**36**	18		
19	**9**	**37**	19		
20	**9**	**37**	20		
21	**10**	**37**	21		
22	**10**	**37**	22		
23	**12**	**38**	23		
24	13	39	24		
25	15	40	25		
26	16	40	26		
27	20	42	27		
28	20	42	28		
29	20	42	29		
30	22	42	30		
31	24	43	31		
32	25	43	32		
33	27	44	33		
34	31	45	34		
35	32	45	35		
36	35	46	36		
37	38	47	37		
38	40	48	38		
39	46	49	39	1	27
40	50	50	40	1,5	28
41	56	52	41	4	33
42	62	53	42	8	36
43	70	55	43	**14**	**39**
44	76	57	44	26	44
45	87	61	45	50	50
46	100	80	46	100	100
N:	**289**		**N:**	**73**	
Mittelwert:	**36,7**		**Mittelwert:**	**44,9**	

Tabelle 7

Anmerkung: An dieser Auswertung kann man die Unwissenschaftlichkeit einer getrennten Normierung nach Schularten erkennen. Ein Gymnasiast mit 42 richtigen Wörtern von 46 hätte demnach eine Rechtschreibschwäche. Daher sind nur Gesamtnormen aller Schularten valide. Siehe auch die Tabelle 2, S. 69.

Normentabellen 5 und 6

Jahrgangsstufe 5/50 Wörter			Jahrgangsstufe 6/50 Wörter		
Rohwert	*Prozentwert*	*T-Wert*	*Rohwert*	*Prozentwert*	*T-Wert*
1	< 1	22	1	< 1	22
2	< 1	23	2	< 1	23
3	< 1	24	3	< 1	24
4	< 1	25	4	< 1	25
5	< 1	26	5	< 1	26
6	1	27	6	1	27
7	2	29	7	1,5	28
8	2	29	8	2	29
9	2,5	30	9	2,5	30
10	3	31	10	5	34
11	4	33	11	5	34
12	5	34	12	5	34
13	**6**	**35**	**13**	**6**	**35**
14	**7**	**35**	**14**	**6**	**35**
15	**8**	**36**	**15**	**7**	**35**
16	**10**	**37**	**16**	**8**	**36**
17	14	39	**17**	**9**	**36**
18	16	40	**18**	**10**	**37**
19	19	41	**19**	**12**	**38**
20	23	43	20	14	39
21	26	44	21	17	40
22	30	45	22	19	41
23	34	46	23	22	42
24	40	48	24	25	43
25	45	49	25	29	45
26	50	50	26	34	46
27	54	51	27	37	47
28	57	52	28	41	48
29	62	53	29	44	49
30	66	54	30	49	50
31	71	56	31	55	51
32	76	57	32	60	52
33	80	58	33	65	53
34	83	59	34	72	56
35	88	62	35	74	56
36	91	63	36	80	58
37	93	65	37	86	61
38	95	66	38	89	62
39	96	67	39	92	64
40	98	71	40	94	65
41	98	71	41	95	66
42	99	73	42	97	69
43	99	73	43	99	73
44	99,2	74	44	99,2	74
45	99,4	75	45	99,4	75
46	99,5	76	46	99,5	76
47	99,6	77	47	99,6	77
48	99,7	78	48	99,7	78
49	99,8	79	49	99,8	79
50	100	80	50	100	80
N:	**723**		**N:**	**569**	
Mittelwert:	**26,5**		**Mittelwert:**	**29,4**	

Tabelle 8

Verdacht auf Rechtschreibstörung

Verdacht auf Rechtschreibschwäche

Normentabellen 7 und 8

Jahrgangsstufe 7/50 Wörter			Jahrgangsstufe 8/50 Wörter		
Rohwert	*Prozentwert*	*T-Wert*	*Rohwert*	*Prozentwert*	*T-Wert*
1			1		
2			2		
3	< 1	20	3		
4	< 1	21	4		
5	< 1	22	5		
6	< 1	23	6		
7	< 1	24	7		
8	< 1	25	8		
9	< 1	26	9	< 1	20
10	1	27	10	< 1	21
11	1,5	28	11	< 1	22
12	2	29	12	< 1	23
13	2,5	30	13	< 1	24
14	3	31	14	< 1	25
15	3,3	32	15	< 1	26
16	4	33	16	1	27
17	5	34	17	1,5	28
18	**5**	**34**	18	2	29
19	**6**	**34**	19	3	31
20	**6**	**35**	20	3,5	32
21	**6**	**35**	21	4	33
22	**7**	**35**	22	4	33
23	**8**	**36**	23	4	33
24	**9**	**37**	24	5	34
25	**11**	**38**	25	5	34
26	13	39	**26**	**6**	**35**
27	16	40	**27**	**8**	**36**
28	20	42	**28**	**11**	**38**
29	22	42	**29**	**13**	**39**
30	27	44	30	14	39
31	30	45	31	17	40
32	36	47	32	20	42
33	41	48	33	25	43
34	48	49	34	31	45
35	53	51	35	38	47
36	57	52	36	44	49
37	65	54	37	50	50
38	72	56	38	57	52
39	76	57	39	65	54
40	80	58	40	72	56
41	85	61	41	76	57
42	87	62	42	82	59
43	91	63	43	86	61
44	94	65	44	90	63
45	96	67	45	93	65
46	98	71	46	96	67
47	99	73	47	97	69
48	99,6	77	48	99	73
49	99,8	79	49	99,6	77
50	100	80	50	100	80
N:	**388**		**N:**	**467**	
Mittelwert:	**34,1**		**Mittelwert:**	**36,8**	

Tabelle 9

Verdacht auf Rechtschreibstörung

Verdacht auf Rechtschreibschwäche

Normentabellen 9 und 10

Jahrgangsstufe 9/50 Wörter			Jahrgangsstufe 10/50 Wörter (M-Klassen und Realschule)		
Rohwert	*Prozentwert*	*T-Wert*	*Rohwert*	*Prozentwert*	*T-Wert*
1			1		
2			2		
3			3		
4			4		
5			5		
6			6		
7			7		
8	< 1	20	8		
9	< 1	21	9		
10	< 1	22	10		
11	< 1	23	11		
12	< 1	24	12		
13	< 1	25	13		
14	< 1	26	14		
15	1	27	15		
16	1,5	28	16	< 1	20
17	2	29	17	< 1	21
18	2	29	18	< 1	22
19	2,5	30	19	< 1	23
20	2,5	30	20	< 1	24
21	3	31	21	< 1	25
22	3,5	32	22	< 1	26
23	4	33	23	1	27
24	4	33	24	1,5	28
25	5	34	25	2	29
26	**6**	**35**	26	2	29
27	**8**	**36**	27	2	29
28	**10**	**37**	28	2,5	30
29	**14**	**39**	29	2,5	30
30	16	40	30	2,5	30
31	19	41	31	3	31
32	21	42	32	3	31
33	24	43	33	3,5	32
34	26	44	34	4	33
35	28	44	35	5	34
36	33	46	36	**8**	**36**
37	37	47	37	**12**	**38**
38	44	48	38	**17**	**40**
39	50	50	39	23	43
40	56	52	40	28	44
41	62	53	41	35	46
42	68	55	42	43	48
43	74	56	43	52	51
44	78	58	44	64	54
45	86	61	45	75	57
46	91	63	46	82	59
47	94	65	47	91	63
48	97	69	48	97	69
49	99	73	49	99	73
50	100	80	50	100	80
N:	**302**		**N:**	**181**	
Mittelwert:	**38,3**		**Mittelwert:**	**42,5**	

Tabelle 10 Verdacht auf Rechtschreibstörung

9. Anhang: Rechtschreiben
Lückenwörter-Diktat (36 Items ab Mitte des 3. Schuljahres einsetzbar)

Name: ____________________ Vorname: ____________________

Klasse: ____________________ Datum: ____________________

Auf dem Fußballplatz

Eine __________ Menschenmenge __________ den Sportplatz.
__________ wartet sie auf den Beginn des __________ Spieles.
Um 15 Uhr laufen beide __________ auf das __________.
Der __________ durch den __________ ertönt.
Der Spielverlauf ist zunächst __________.
Doch bald __________ sich heraus, dass die Mannschaft mit den gelben Trikots den anderen __________ überlegen ist.
Die __________ erfolgen __________ und ganz __________.
Der beste Spieler auf dem Fußballplatz ist der __________.
Er ist sehr __________ und __________ oft einen Gegner nach dem anderen.
__________ schießt er dann den Ball ins Tor.
Die __________ sind __________, sie schreien und __________ __________ reichen __________.
In der zweiten __________ versucht nun die schwächere Mannschaft, durch __________ Einsatz dem Spiel noch eine __________ zu geben.
Doch es hilft __________, auch wenn ihre Freunde sie __________ und __________.
Das Spiel __________ unter dem __________, mit __________ und __________ der Zuschauermenge mit dem Sieg der __________.
__________ und __________ verlassen die Spieler den Rasen.

Richtig __________

10. Wörter

1. ______________________________
2. ______________________________
3. ______________________________
4. ______________________________
5. ______________________________
6. ______________________________
7. ______________________________
8. ______________________________
9. ______________________________
10. ______________________________

Richtig: __________

Gesamtzahl richtig: __________

Prozentrang: __________

T-Wert: __________

Beurteilung: Rechtschreiben

Keine Probleme	(IV. Quartil 75 – 100 PR)	__________
Durchschnitt	(III. Quartil 50 – 74 PR)	__________
Probleme	(II. Quartil 25 – 49 PR)	__________
Schwäche/Störung (Verdacht)	(I. Quartil 0 – 24 PR)	__________

Rechtschreiben

Lückenwörter-Diktat (50 Wörter ab Mitte des 5. Schuljahres einsetzbar)

Form A ❐ Form B ❐

Name: ______________________ Vorname: ______________________

Klasse: ______________________ Testdatum: ______________________

1 ______	26 ______
2 ______	27 ______
3 ______	28 ______
4 ______	29 ______
5 ______	30 ______
6 ______	31 ______
7 ______	32 ______
8 ______	33 ______
9 ______	34 ______
10 ______	35 ______
11 ______	36 ______
12 ______	37 ______
13 ______	38 ______
14 ______	39 ______
15 ______	40 ______
16 ______	41 ______
17 ______	42 ______
18 ______	43 ______
19 ______	44 ______
20 ______	45 ______
21 ______	46 ______
22 ______	47 ______
23 ______	48 ______
24 ______	49 ______
25 ______	50 ______

Richtig: ____________ Prozentrang: ____________ T-Wert: ____________

Beurteilung:

Keine Probleme	(IV. Quartil 75 – 100 PR)
Durchschnitt	(III. Quartil 50 – 74 PR)
Probleme	(II. Quartil 25 – 49 PR)
Schwäche/Störung (Verdacht)	(I. Quartil 0 – 24 PR)

5. Screeningverfahren zur Erfassung kognitiver Fähigkeiten (Geeignet von 10 – 21 Jahren)

Vorbemerkung

Die Beschäftigung um Intelligenz und Begabung ist eine nicht endende Auseinandersetzung – Erbanlagen oder Umwelt? Kinder aus sozial schwachen Schichten und Migrantenfamilien erreichen überwiegend keine entsprechenden Schulabschlüsse oder verlassen die Schule ohne Abschluss.
Tatsache ist, dass Kinder aus niederem sozialen Milieu eine weniger differenzierte Sprache haben als Kinder aus der Mittel – oder Oberschicht. Die sprachliche Entwicklung spielt bei einer Intelligenzmessung eine bedeutende Rolle. Sprachgeübte Menschen schneiden besser ab als Sprachungeübte. Es sind voreilige Schlüsse, dass diese weniger Intelligenz „geerbt" hätten. Sie haben im Elternhaus zu wenig sprachliche Impulse und Anregungen erhalten. Intelligenztests dürfen in den Schulen nur Beratungsfachkräfte durchführen.
Ein Screening soll im Rahmen eines sequentiellen Diagnostizierens eingesetzt werden, um Ursachen von Lernschwierigkeiten frühzeitig zu erkennen. Dieses Verfahren stellt keine besonderen Anforderungen in Diagnostik voraus und kann daher von Lehrkräften eingesetzt werden.
Der Einsatz von folgendem Verfahren wird empfohlen: „Screening für Schul- und Bildungsberatung (SSB)" von Kormann und Horn. Die Kombination von Rechtschreibung und Intelligenz ermöglicht erste Hinweise auf die Leistungsfähigkeit von Schülern.

1. Intelligenz

- Intelligenz ist die höchste und beweglichste Form der Anpassung des Individuums an die Umwelt (Piaget)
- Intelligenz ist dasjenige, was der Intelligenztest misst (Boring, 1923). Allerdings kann auf diese Weise keine allgemeinverbindliche Definition des Intelligenzbegriffs kreiert werden, da unendlich viele Tests zur Messung des Konstrukts vorstellbar sind.

2. Die Mehrfaktorentheorie der „Primary Mental Abilities" nach Thurstone (1938)

Er entwickelte auf der Grundlage der multiplen Faktorenanalyse ein alternatives Modell mehrerer gemeinsamer Intelligenzfaktoren („Primärfaktorenmodell").
Thurstone postulierte 1938 ein Modell mit neun Primärfaktoren, reduzierte diese jedoch später auf sieben Primärfaktoren.
Folgende Buchstaben kennzeichnen die Funktion der jeweiligen Faktoren:

p: Perceptual speed (Wahrnehmungs- und Auffassungsgeschwindigkeit)
Tests: Anstreichen bestimmter Symbole, Erkennen von Gleichheiten bzw. Unterschieden

n: number (Rechenfähigkeit, Geschwindigkeit bei einfachen arithmetischen Aufgaben)
Tests: Addition, Subtraktion, Multiplikation

w: word fluency (Wortflüssigkeit, Leichtigkeit der Wortfindung, rasches Produzieren von Wörtern)
Tests: Wörter mit vorgegebenen Anfangsbuchstaben, Reime

v: verbal comprehension (Verbales Verständnis, Erfassen von Wortbedeutungen)
Tests: Textverständnis, Rechtschreibung, richtige Reihung vertauschter Wörter

s: space oder spatial perception (Räumliches Vorstellungsvermögen)
Tests: Vergleich von Würfeln aus verschiedener Perspektive

m: memory (Merkfähigkeit, Kurzzeitgedächtnis)
Tests: Wort-Zahl oder Bild-Figuren-Paare

r: induction bzw. reasoning (Fähigkeit, Regeln aufzufinden; Schlussfolgerndes Denken)
Tests: Reihen fortsetzen (numerisch, figural oder alphabetisch)

3. Theorie der multiplen Intelligenzen nach Gardner (1994)

Multiple Begabungen, neue Intelligenzbereiche (F_1, F_2, F_3, ... F_8)

- Sprachliche (verbale) Intelligenz
- Mathematische (quantitative) Intelligenz
- Figural-räumliche Intelligenz
- Akademische Intelligenz (verbal – numerisch – figural – räumlich)
- Musikalische „Intelligenz"/Begabung
- Psychomotorische „Intelligenz"/Begabung (Sport)
- Intrapersonale („emotionale") „Intelligenz" (Künstler)
- Intrapersonale „Intelligenz" (soziale Kompetenz)

4. Das Intelligenzmodell von Wechsler

Mit den von Wechsler entwickelten Intelligenztests werden Informationen über die „Allgemeine Intelligenz", über die „Verbale Intelligenz" und über die „Handlungsintelligenz" erhoben. Die verbale und praktische Intelligenz setzen sich aus verschiedenen Komponenten zusammen.

Verbale Untertests:

- Allgemeines Wissen
- Zahlennachsprechen: vorwärts und rückwärts
- Wortschatztest
- Rechnerisches Denken
- Allgemeines Verständnis
- Gemeinsamkeiten finden

Praktische Untertests

- Bilderergänzen
- Bilderordnen
- Mosaiktest
- Figurenlegen
- Zahlen-Symbol-Test

Auf der Grundlage dieses Intelligenzmodells wurden im deutschsprachigen Raum der Hamburg-Wechsler-Intelligenztest für Erwachsene HAWIE (Tewes, 1991) und der Hamburg-Wechsler-Intelligenztest für Kinder HAWIK-III (Tewes, 2000) entwickelt.

5. Das Intelligenzmodell von Cattell (1963)

- Unter dem g-Faktor „fließende" Intelligenz versteht man die vom individuellen Lernschicksal unabhängige, auf der vererbten Funktionstüchtigkeit der hirnphysiologischen Prozesse beruhende Komponente des geistigen Leistungsvermögens.
- Bei dem g-Faktor „kristallisierte" Intelligenz handelt es sich dagegen um die umweltbedingte, durch Lernvorgänge ausgelöste Komponente der Intelligenz.
- Die theoretische Ebene der Faktoren dritter Ordnung ist auf die ontogenetisch frühe allgemeine geistige Veranlagung und den Komplex schulischer und familiärer Erfahrungen bezogen.
- Zur Erfassung der kulturunabhängigen „fließenden" Intelligenz kann zum Beispiel der Raven-Matrizen-Test SPM (Raven, J. C., Court, J. & Raven, J., 1998), zur Erfassung der kulturabhängigen „kristallinen" Intelligenz der Mehrfachwahl-Wortschatz-Intelligenztest MWT-B (Lehrl, S., 2005) verwendet werden.

Die Screeningverfahren über sprachliche und mathematische Intelligenz sind in diese Modelle einzuordnen. Sie erheben allerdings nicht den Anspruch eines Intelligenztests.

A Sprachliche Begabung

Name: ______________ Vorname: ______________ Geb.-Datum: __________

Testdatum: __________ Muttersprache: ______________ Punkte: __________

Beurteilung: ____

Diese Testgruppe besteht aus Aufgaben mit Wortketten, einzelnen Wörtern und Sätzen, die kritisch überprüft werden sollen. Du benötigst zur Lösung analytisches und logisches Denkvermögen. Außerdem wird Konzentration und Sprachgefühl verlangt.
Diese Testgruppe prüft also keine isolierte Fähigkeit. Viele Faktoren der geistigen Leistung sollen hier eingesetzt werden. Die Testgruppe zur sprachlichen Begabung besteht aus drei Teilen:

1. Worttest
Ein fehlender Begriff in einer Wortkette soll ergänzt werden

2. Zuordnungstest
Wörter müssen in zwei Gruppen geordnet werden

3. Satztest
Sätze sollen auf ihre Aussage überprüft werden

Jeder Test wird zuerst an einer Beispielaufgabe genau erklärt. Beginne jetzt mit dem Worttest.

1. Worttest – Welches Wort fehlt?
Anweisung
Bei diesem Test sollst du die Bedeutung von Wörtern erkennen. Die Wortreihen sind nach bestimmten Regeln aufgebaut. Wenn du das Gesetz erkennst, weißt du, welches fehlende Wort in die Reihe passt. Als Lösung stehen immer fünf Wörter zur Auswahl.
Am schnellsten verstehst du den Test, wenn du das Beispiel anschaust Hier wechseln stets Verkehrsmittel und Haustiere miteinander ab. In das Kästchen mit dem Fragezeichen muss also ein Haustier. Unter den Lösungen ist die Katze das einzige Haustier, deshalb wurde b angekreuzt.
Beginne mit der ersten Aufgabe, wenn das Testprinzip an dem Beispiel klargeworden ist. Du hast für die folgenden zehn Wortreihen genau 10 Minuten Zeit. Halte diese Testzeit bitte genau ein!

Beispiel:

Auto	Hund	Eisenbahn	?	Flugzeug	Huhn

a Löwe
~~b~~ Katze (angekreuzt)
c Schiff
d Elefant
e LKW

Schwein	Schaf	Huhn	Ei	?	Schinken

1

a Wolle
b Hähnchen
c Schnitzel
d Federn
e Wurst

Blockflöte	?	Saxophon	Gitarre	Waldhorn	Cello

2

a Querflöte
b Geige
c Trompete
d Schlagzeug
e Mundharmonika

Schnapsglas	?	Krug	Eimer	Wanne	Schwimmbecken

3

a Teller
b Tasse
c Kessel
d Flasche
e Termine

Frucht	Ast	Baum	Fuß	?	Mensch

4

a Bein
b Leib
c Zehen
d Stamm
e Laub

Anzug	Uhr	Hose	?	Jacke	Zifferblatt

5

a Strümpfe
b Wecker
c Zeiger
d Hemd
e Armbanduhr

Schubkarre	Motorrad	?	Personen-wagen	Sattel-schlepper	Lokomotive

a Auto
b Fahrrad
c Lastwagen
d Dreirad
e Kutsche

6

hier	jetzt	?	dann	oben	heute

a wann
b dort
c nun
d immer
e überall

7

lang	hoch	eng	breit	tief	?

a groß
b weit
c klein
d kurz
e schmal

8

?	Nelke	Stachelbeere	Johannisbeere	Apfel	Pfirsich

a Tulpe
b Traube
c Himbeere
d Narzisse
e Rose

9

Omnibus	Ruderboot	Fahrrad	Segelboot	Roller	?

a Moped
b Passagierschiff
c Motorboot
d Fischerboot
e Autofähre

10

Punkte: ________

Die Punkteauswertung und Lösungstabelle für den Worttest ist auf S. 91 und ab S. 93.

2. Zuordnungstest – Welche Wörter gehören zusammen?

Bei diesem Zuordnungstest sollen Wörter in ihrer Bedeutung erkannt werden. In jeder Aufgabe werden zwei Begriffe genannt. Du sollst entscheiden, ob du verschiedene Wörter eher dem einen oder dem anderen Begriff zuordnen würdest. Du stehst bei diesem Test nicht unter Zeitdruck. Es wird nur die Anzahl der Fehler gewertet

Beispiel

Kennzeichne die folgenden Wörter mit

M wenn sie sich mehr auf Dinge und Eigenschaften beziehen, die dem menschlichen Bereich angehören,

T wenn sie sich mehr auf Dinge und Eigenschaften beziehen, die dem tierischen Bereich angehören

M	Ehrgeiz	T	Brunft	M	Technik
M	Worte	M	Denken	T	Herde
T	Instinkt	M	Kunst	M	Heiterkeit
M	Liebe	T	Futter	T	schnauben
T	Winterschlaf	M	Konversation	M	beherrschen
T	Beute	M	Begeisterung	M	Scham

Beginne mit der ersten Aufgabe, wenn das Testprinzip an dem Beispiel klargeworden ist. Du stehst bei diesem Test nicht unter Zeitdruck. Du musst die Lösungszeit auch nicht stoppen. Bei diesem Zuordnungstest wird nur die Anzahl Ihrer Fehler gewertet.

1 Kennzeichne die folgenden Wörter mit

R wenn sie sich auf Dinge beziehen, die ganz oder überwiegend mit Ruhe zu tun haben,

B wenn sie sich auf Dinge beziehen, die mit Bewegung zu tun haben.

☐	Fluss	☐	Sonne	☐	Denken
☐	Zeit	☐	Raum	☐	Kampf
☐	Berg	☐	Vogel	☐	Trauer
☐	Streit	☐	Nervosität	☐	Gleichmut
☐	Friede	☐	Wind	☐	Gebärde
☐	Geduld	☐	Tod	☐	Stille

2 Kennzeichne die folgenden Wörter mit

N wenn es sich um Dinge handelt, die in der Natur vorkommen,

M wenn es sich um Dinge handelt, die vom Menschen geschaffen werden.

☐ Baum	☐ Schuttberg	☐ Gold
☐ Stein	☐ Berge	☐ Brücke
☐ Haus	☐ Baumwolle	☐ Rad
☐ Höhle	☐ Kohle	☐ Silber
☐ Papier	☐ Holz	☐ Blech
☐ Stahl	☐ Eisenerz	☐ Feuer

3 Kennzeichne die folgenden Wörter mit

V wenn sie sich mehr auf den Verstand beziehen,

G wenn sie sich mehr auf das Gefühl beziehen.

☐ berechnen	☐ ästhetisch	☐ Intellekt
☐ intuitiv	☐ warm	☐ Liebe
☐ unbeherrscht	☐ klug	☐ lernen
☐ denken	☐ freuen	☐ schlau
☐ logisch	☐ Analyse	☐ Mitleid
☐ traurig	☐ Angst	☐ Fanatismus

4 Kennzeichne die folgenden Wörter mit

E wenn sie sich auf Tätigkeiten beziehen, die mehr mit Erzählen zu tun haben,

L wenn sie sich auf Tätigkeiten beziehen, die mehr mit Lehren zu tun haben.

☐ mitteilen	☐ beibringen	☐ dozieren
☐ erklären	☐ schildern	☐ vermitteln
☐ plaudern	☐ instruieren	☐ unterhalten
☐ anleiten	☐ anvertrauen	☐ tratschen
☐ aufzählen	☐ ausschmücken	☐ erläutern
☐ sagen	☐ vormachen	☐ beweisen

5 Kennzeichne die folgenden Wörter mit

A wenn sie sich auf Tätigkeiten beziehen, bei denen man sich mehr aktiv, ausführend verhält,

P wenn sie sich auf Tätigkeiten beziehen, bei denen man sich mehr passiv, nicht handelnd verhält.

☐ laufen	☐ zuhören	☐ lesen
☐ schreiben	☐ suchen	☐ erwarten
☐ schlafen	☐ träumen	☐ rechnen
☐ gehen	☐ ausharren	☐ erwachen
☐ sitzen	☐ finden	☐ sprechen
☐ denken	☐ essen	☐ trauern

6 Kennzeichne die folgenden Wörter mit

G wenn sie sich mehr auf Gegenwärtiges beziehen,

V wenn sie sich mehr auf Geschehenes beziehen.

☐ nunmehr	☐ momentan	☐ Reue
☐ Tatverlauf	☐ gestern	☐ augenblicklich
☐ vorbei	☐ leben	☐ nun
☐ jetzt	☐ Erinnerung	☐ Ursache
☐ heute	☐ Rückschau	☐ Trauer
☐ Andenken	☐ Historie	☐ Trost

Punkte: ________

Die Punkteauswertung und Lösungstabelle für den Worttest ist auf S. 91 und S. 94/95.

3. Satztest – Was sagen die Sätze?

Bei den folgenden Aufgaben sollst du Sätze aufmerksam lesen. Das Problem ist einfach: Zu Beginn einer Aufgabe werden zwei Begriffe genannt. Ordne jeden Satz einem der beiden Begriffe zu.

Beispiel

M Meinung **T Tatsache**

1 ~~M~~ T In einigen Jahren wird es keinen Krieg mehr geben.
2 M ~~T~~ Alles Leben endet mit dem Tod.
3 M ~~T~~ Sonne und Wasser sind lebenswichtig.
4 ~~M~~ T Die Seele lebt auch nach dem Tode weiter.
5 M ~~T~~ Außer der Erde kennen wir keinen bewohnten Himmelskörper.
6 ~~M~~ T Die Erde ist der einzige Himmelskörper, auf dem Leben existiert.
7 ~~M~~ T Ohne Kunststoffe konnten wir heute nicht leben.

Beginne mit der ersten Aufgabe, wenn das Testprinzip an dem Beispiel klargeworden ist. Du stehst bei dem Satztest nicht unter Zeitdruck. Es wird nur die Anzahl der Fehler gewertet. Kreuze das Entsprechende an!

1 W wahr F falsch

1 W F Der Mensch hat vieles mit den Tieren gemeinsam.
2 W F Soziales Verhalten gibt es nicht nur bei den Menschen.
3 W F Der Mensch ist das einzige intelligente Lebewesen.
4 W F Der Mensch stammt wahrscheinlich nicht direkt vom Affen ab.
5 W F Der Mensch hat bessere Sinnesorgane als die meisten Tiere.
6 W F Nur der Mensch kann sich durch Lautäußerung mit seinen Artgenossen verständigen.
7 W F Es gibt Tiere, die über mehrere Monate keine Nahrung fressen müssen.

2 W Wirklichkeit P Phantasie

1 W P Die meisten Träume werden Wirklichkeit.
2 W P Auch Pflanzen ernähren sich.
3 W P Der Mensch kann sein Handeln freier bestimmen als das Tier.
4 W P Es gibt nichts, was man für Geld nicht kaufen kann.
5 W P Eines Tages wird der Mensch auch zur Sonne fliegen und dort landen.
6 W P Die Industrialisierung hat Einfluss auf unser Klima.
7 W P In der heutigen Zeit braucht der Mensch die Präparate der Pharmazie.

3 G gedacht F gefühlt

1 G F Auf diesem Sessel sitzt man sehr bequem.
2 G F Das Kleid sitzt wie angegossen.
3 G F An einer Pilzvergiftung kann man nach schweren Magenkrämpfen sterben.
4 G F Ein Schnupfen ermattet den ganzen Körper.
5 G F Die Herbstsonne verleiht dem Wein die letzte Reife.
6 G F Dieses Theaterstück verursacht eine gespannte Atmosphäre.
7 G F Schreiende Babys beruhigt man am besten durch Schaukeln.

4 W wahr F falsch

1 W F Mit 6 Jahren ist jedes Kind in Deutschland schulreif! .
2 W F Jeder Student ist dazu fähig, ein Hochschulstudium abzuschließen.
3 W F Vererbung und Umwelt haben Einfluss auf den Charakter.
4 W F Auch Tiere träumen manchmal.
5 W F Die Grundidee der Olympischen Spiele besteht darin, eine Medaille zu gewinnen.
6 W F Es wird schon bald eine neue Eiszeit geben.
7 W F Nicht nur die Armen, auch die Reichen haben Sorgen.

5 W Wirklichkeit F Phantasie

1 W P Die Weltbevölkerung nimmt ständig zu.
2 W P Noch Ende dieses Jahrhunderts wird es keine Hungersnöte mehr geben.
4 W P Es gibt Waschmittel, die weißer waschen als andere.
5 W P Werbung beeinflusst den Käufer nicht.
6 W P Der Mensch ist von seiner Umwelt nicht abhängig.
7 W P Glück und Zufriedenheit kann man nicht kaufen.

6 R richtig F falsch

1 R F Eine Glühlampe brennt nur mit Strom.
2 R F Ohne elektrischen Strom gibt es kein Licht.
3 R F Wäre das Rad nie erfunden worden, gäbe es kein Radio.
4 R F Da das Gehirn Zentrum aller wichtigen Lebensvorgange ist, können wir ohne Gehirn nicht leben.
5 R F Weil wir mit den Augen sehen, hören wir mit den Ohren.
6 R F Wären alle Menschen dumm, gäbe es nur dumme Staatsmänner.
7 R F Wären alle Kreise achteckig, wären auch alle Halbkreise eckig.

7 T Tatsache M Meinung

1 T M Die Deutschen sind ein reiselustiges Volk.
2 T M Die Demokratie ist die beste Staatsform.
3 T M Man kann sich besser am Meer als im Gebirge erholen.
4 T M Unsere Gesellschaft braucht Abiturienten.
5 T M Die Armen sind glücklicher als die Reichen.
6 T M Im Unterschied zum Tier hat nur der Mensch eine Religion.
7 T M Wahres Glück kann man nicht kaufen.

8 R richtig F falsch

1 R F Ohne Sprache gibt es keine Verständigung.
2 R F Wenn alle Früchte gut schmecken würden, gäbe es keine giftigen Früchte mehr.
3 R F Gäbe es kein Wasser mehr, müssten wir sterben.
4 R F Ohne Uhren wüssten wir nie, wie spät es ist.
5 R F Hielten alle Lebewesen Winterschlaf, gäbe es kein Silvesterfeuerwerk.
6 R F Wären alle Bäume Nadelbäume, gäbe es keine Äpfel mehr.
7 R F Wenn jeder kluge Mensch ein Affe wäre, wären alle Affen klug.

Punkte:__________

Die Punkteauswertung ist auf S. 92 und S. 96/97..

4. Auswertung der sprachlichen Begabung (siehe auch Lösungsanhang ab S. 93!)

4.1 Worttest

In der Lösungstabelle sind die richtigen Lösungen eingetragen. Kreuzen Sie jede Aufgabe an, die richtig ist. Jedes Kreuz zählt einen Punkt.

Aufgabe Nr.	*Lösung*	*Punkte*
1	a Wolle	
2	b Geige	
3	b Tasse	
4	a Bein	
5	c Zeiger	
6	d Dreirad	
7	b dort	
8	d kurz	
9	e Rose	
10	b Passagierschiff	
	Gesamt:	

4.2 Zuordnungstest

Kreuzen Sie in der Tabelle mit den richtigen Buchstaben die Fehler an. Zählen Sie dann alle Fehler zusammen.

Nr.	*Lösung*			*Fehler*	*Punkte*
1	B	R	B	0	15
	B	R	B	1	15
	R	B	R	2	14
	B	B	R	3	14
	R	B	B	4	13
	R	R	R	5	13
2	N	M	N	6	12
	N	N	M	7	12
	M	N	M	8	11
	N	N	N	9	11
	M	N	M	10	10
	M	N	N	11	10
3	V	G	V	12	9
	G	G	G	13	9
	G	V	V	14	8
	V	G	V	15	8
	V	V	G	16	7
	G	G	G	17	7

Nr.	*Lösung*			*Fehler*	*Punkte*
4	E	L	L	18	6
	L	E	L	19	6
	E	L	E	20	5
	L	E	E	21	5
	L	E	L	23	4
	E	L	L	24	4
5	A	P	A	25	3
	A	A	P	26	2
	P	P	A	27	2
	A	P	P	28	1
	P	P	A	29	1
	A	A	P	über 29	0
6	G	G	V		
	V	V	G		
	V	G	G		
	G	V	V		
	G	V	V		
	V	V	V		
				Fehler:	Punkte

4.3 Satztest

Kreuzen Sie in der Tabelle mit den richtigen Lösungen die Fehler an. Zählen Sie dann alle Fehler zusammen.

Nr.	*Lösung*	*Fehler*	*Punkte*
1	W	0 – 1	15
	W	2	14
	F	3	14
	W	4	13
	F	5	13
	F	6	12
	W	7	12
2	P	8	11
	W	9	11
	W	10	10
	P	11	10
	P	12	9
	W	13	9
	W	14	8
3	F	15	8
	F	16	7
	G	17	7
	F	18	6
	G	19	6
	F	20	5
	G	21	5
4	F	23	4
	F	24	3
	W	25	3
	W	26	2
	F	27	2
	F	28	1
	W	29	1
5	W	über 29	0
	P		
	W		
	W		
	P		
	P		
	W		

Nr.	*Lösung*	*Fehler*	*Punkte*
6	R		
	R		
	F		
	R		
	F		
	R		
	R		
7	T		
	M		
	M		
	T		
	M		
	T		
	T		
8	F		
	F		
	R		
	F		
	F		
	R		
	F		
	F		
	R		
	F		
		Fehler:	Punkte:

Zählen Sie die Punkte der drei sprachlichen Tests zusammen. Die Summe ergibt die Punktzahl für die sprachliche Begabung.

Punktsumme: __________

Bewertungstabelle

11 – 13 Jahre	*14 – 16 Jahre*	*17 – 21 Jahre*	*Bewertung*
33 – 40	37 – 40	38 – 40	sehr hoch
28 – 32	34 – 36	35 – 37	hoch
19 – 27	24 – 33	28 – 34	durchschnittlich
13 – 18	18 – 23	20 – 27	unterdurchschnittlich
8 – 12	11 – 17	13 – 19	niedrig
0 – 7	0 – 10	0 – 12	sehr niedrig

Dieses Screeningverfahren eignet sich zur Sichtung der sprachlichen Begabung. Neben der Altersgruppe spielt das Bildungsniveau eine Rolle. Erzielen jüngere Kinder gute Ergebnisse, kann dies auf eine besondere Begabung hinweisen.

5. Sprachliche Begabung – Lösungen

1. Worttest: Welches Wort fehlt?

Schwein	Schaf	Huhn	Ei	?	Schinken

a Wolle
b Hähnchen
c Schnitzel
d Federn
1 e Wurst

Blockflöte	?	Saxophon	Gitarre	Waldhorn	Cello

a Querflöte
b Geige
c Trompete
d Schlagzeug
2 e Mundharmonika

Schnapsglas	?	Krug	Eimer	Wanne	Schwimmbecken

a Teller
b Tasse
c Kessel
d Flasche
3 e Termine

Frucht	Ast	Baum	Fuß	?	Mensch

a Bein
b Leib
c Zehen
d Stamm
4 e Laub

Anzug	Uhr	Hose	?	Jacke	Zifferblatt

a Strümpfe
b Wecker
c Zeiger
d Hemd
5 e Armbanduhr

Schubkarre	Motorrad	?	Personenwagen	Sattelschlepper	Lokomotive

a Auto
b Fahrrad
c Lastwagen
d Dreirad
6 e Kutsche

hier	jetzt	?	dann	oben	heute

a wann
b dort
c nun
d immer
7 e überall

lang	hoch	eng	breit	tief	?

8

a groß
b weit
c klein
d kurz
e schmal

?	Nelke	Stachelbeere	Johannisbeere	Apfel	Pfirsich

9

a Tulpe
b Traube
c Himbeere
d Narzisse
e Rose

Omnibus	Ruderboot	Fahrrad	Segelboot	Roller	?

10

a Moped
b Passagierschiff
c Motorboot
d Fischerboot
e Autofähre

2. Zuordnungstest – Welche Wörter gehören zusammen?

1 Kennzeichne die folgenden Wörter mit
R wenn sie sich auf Dinge beziehen, die ganz oder überwiegend mit Ruhe zu tun haben,
B wenn sie sich auf Dinge beziehen, die mit Bewegung zu tun haben.

B	Fluss	R	Sonne	B	Denken
B	Zeit	R	Raum	B	Kampf
R	Berg	B	Vogel	R	Trauer
B	Streit	B	Nervosität	R	Gleichmut
R	Friede	B	Wind	B	Gebärde
R	Geduld	R	Tod	R	Stille

2 N wenn es sich um Dinge handelt, die in der Natur vorkommen,
M wenn es sich um Dinge handelt, die vom Menschen geschaffen werden.

N	Baum	M	Schuttberg	N	Gold
N	Stein	N	Berge	M	Brücke
M	Haus	N	Baumwolle	M	Rad
N	Höhle	N	Kohle	N	Silber
M	Papier	N	Holz	M	Blech
M	Stahl	N	Eisenerz	N	Feuer

3 V wenn sie sich mehr auf den Verstand beziehen,
G wenn sie sich mehr auf das Gefühl beziehen.

V	berechnen	G	ästhetisch	V	Intellekt
G	intuitiv	G	warm	G	Liebe
G	unbeherrscht	V	klug	V	lernen
V	denken	G	freuen	V	schlau
V	logisch	V	Analyse	G	Mitleid
G	traurig	G	Angst	G	Fanatismus

4 E wenn sie sich auf Tätigkeiten beziehen, die mehr mit Erzählen zu tun haben,
L wenn sie sich auf Tätigkeiten beziehen, die mehr mit Lehren zu tun haben.

E	mitteilen	L	beibringen	L	dozieren
L	erklären	E	schildern	L	vermitteln
E	plaudern	L	instruieren	E	unterhalten
L	anleiten	E	anvertrauen	E	tratschen
L	aufzählen	E	ausschmücken	L	erläutern
E	sagen	L	vormachen	L	beweisen

5 A wenn sie sich auf Tätigkeiten beziehen, bei denen man sich mehr aktiv ausführend verhält,
P wenn sie sich auf Tätigkeiten beziehen, bei denen man sich mehr passiv, nicht handelnd verhält.

A	laufen	P	zuhören	A	lesen
A	schreiben	A	suchen	P	erwarten
P	schlafen	P	träumen	A	rechnen
A	gehen	P	ausharren	P	erwachen
P	sitzen	P	finden	A	sprechen
A	denken	A	essen	P	trauern

6 G wenn sie sich mehr auf Gegenwärtiges beziehen,
V wenn sie sich mehr auf Geschehenes beziehen.

G	nunmehr	G	momentan	V	Reue
V	Tatverlauf	V	gestern	G	augenblicklich
V	vorbei	G	leben	G	nun
G	jetzt	V	Erinnerung	V	Ursache
G	heute	V	Rückschau	V	Trauer
V	Andenken	V	Historie	V	Trost

3. Satztest – Was sagen die Sätze?

1 W wahr F falsch

1 **W** F Der Mensch hat vieles mit den Tieren gemeinsam.
2 **W** F Soziales Verhalten gibt es nicht nur bei den Menschen.
3 W F Der Mensch ist das einzige intelligente Lebewesen.
4 W F Der Mensch stammt wahrscheinlich nicht direkt vom Affen ab.
5 W **F** Der Mensch hat bessere Sinnesorgane als die meisten Tiere.
6 W **F** Nur der Mensch kann sich durch Lautäußerung mit seinen Artgenossen verständigen.
7 **W** F Es gibt Tiere, die über mehrere Monate keine Nahrung fressen müssen.

2 W Wirklichkeit P Phantasie

1 W **P** Die meisten Träume werden Wirklichkeit.
2 **W** P Auch Pflanzen ernähren sich.
3 **W** P Der Mensch kann sein Handeln freier bestimmen als das Tier.
4 W **P** Es gibt nichts, was man für Geld nicht kaufen kann.
5 W **P** Eines Tages wird der Mensch auch zur Sonne fliegen und dort landen.
6 **W** P Die Industrialisierung hat Einfluss auf unser Klima.
7 **W** P In der heutigen Zeit braucht der Mensch die Präparate der Pharmazie.

3 G gedacht F gefühlt

1 G **F** Auf diesem Sessel sitzt man sehr bequem.
2 G **F** Das Kleid sitzt wie angegossen.
3 **G** F An einer Pilzvergiftung kann man nach schweren Magenkrämpfen sterben.
4 G **F** Ein Schnupfen ermattet den ganzen Körper.
5 **G** F Die Herbstsonne verleiht dem Wein die letzte Reife.
6 G **F** Dieses Theaterstück verursacht eine gespannte Atmosphäre.
7 **G** F Schreiende Babys beruhigt man am besten durch Schaukeln.

4 W wahr F falsch

1 W **F** Mit 6 Jahren ist jedes Kind in Deutschland schulreif!
2 W **F** Jeder Student ist dazu fähig, ein Hochschulstudium abzuschließen.
3 **W** F Vererbung und Umwelt haben Einfluss auf den Charakter.
4 **W** F Auch Tiere träumen manchmal.
5 W **F** Die Grundidee der Olympischen Spiele besteht darin, eine Medaille zu gewinnen.
6 W **F** Es wird schon bald eine neue Eiszeit geben.
7 **W** F Nicht nur die Armen, auch die Reichen haben Sorgen.

5 W Wirklichkeit F Phantasie

1 **W** P Die Weltbevölkerung nimmt ständig zu.
2 W **P** Noch Ende dieses Jahrhunderts wird es keine Hungersnöte mehr geben.
3 **W** P Der menschliche Körper kann durch Ärger krank werden.
4 **W** P Es gibt Waschmittel, die weißer waschen als andere.
5 W **P** Werbung beeinflusst den Käufer nicht.
6 W **P** Der Mensch ist von seiner Umwelt nicht abhängig.
7 **W** P Glück und Zufriedenheit kann man nicht kaufen.

6 R richtig F falsch

1 **R** F Eine Glühlampe brennt nur mit Strom.
2 **R** F Ohne elektrischen Strom gibt es kein Licht.
3 R **F** Wäre das Rad nie erfunden worden, gäbe es kein Radio.
4 **R** F Da das Gehirn Zentrum aller wichtigen Lebensvorgange ist, können wir ohne Gehirn nicht leben.
5 R **F** Weil wir mit den Augen sehen, hören wir mit den Ohren.
6 **R** F Wären alle Menschen dumm, gäbe es nur dumme Staatsmänner.
7 **R** F Wären alle Kreise achteckig, wären auch alle Halbkreise eckig.

7	T Tatsache	M Meinung

1	**T**	M	Die Deutschen sind ein reiselustiges Volk.
2	T	**M**	Die Demokratie ist die beste Staatsform.
3	T	M	Man kann sich besser am Meer als im Gebirge erholen.
4	**T**	M	Unsere Gesellschaft braucht Abiturienten.
5	T	**M**	Die Armen sind glücklicher als die Reichen.
6	**T**	M	Im Unterschied zum Tier hat nur der Mensch eine Religion.
7	**T**	M	Wahres Glück kann man nicht kaufen.

8	R richtig	F falsch

1	R	**F**	Ohne Sprache gibt es keine Verständigung.
2	R	**F**	Wenn alle Früchte gut schmecken würden, gäbe es keine giftigen Früchte mehr.
3	**R**	F	Gäbe es kein Wasser mehr, müssten wir sterben.
4	R	**F**	Ohne Uhren wüssten wir nie, wie spät es ist.
5	R	**F**	Hielten alle Lebewesen Winterschlaf, gäbe es kein Silvesterfeuerwerk.
6	**R**	F	Wären alle Bäume Nadelbäume, gäbe es keine Äpfel mehr.
7	R	**F**	Wenn jeder kluge Mensch ein Affe wäre, wären alle Affen klug.

B Mathematische Begabung

Anleitung

Wie gut ist die rechnerische Intelligenz?
Diese Testgruppe besteht aus großen und kleinen Zahlenreihen. Die Zahlen sollen analysiert werden. Sie sind nach einfachen rnathematischen Regeln aufgebaut.
Um diese Regeln zu finden, ist Konzentration und logisches Denken erforderlich. Wer gerne und leicht mit Zahlen umgeht, hat bei diesem Test Vorteile, weil er an die Aufgaben unbefangener herangeht.
Diese Testgruppe besteht aus einem Rechentest, bei dem in Zahlenmustern Rechengesetze erkannt werden sollen.
Auch wenn man ungern rechnet, sollte man an diesen Test mit frischem Mut herangehen. Es werden keine rnathematischen Spezialkenntnisse verlangt.

Welche Gesetze stecken in den Zahlenreihen?
Bei diesem Test rnüssen Zahlenreihen, die nach bestimmten Gesetzmäßigkeiten aufgebaut sind, analysiert werden. Die Zahlen in den übereinanderliegenden Kasten sind nicht als Bruch zu lesen. Alle Zahlen der oberen und unteren Kästchen sind getrennt voneinander nach einem Gesetz aufgebaut. Wenn du die Regeln erkannt hast, ist es keine Schwierigkeit mehr, die beiden fehlenden Zahlen auszurechnen.

Die Gesetzmäßigkeit im Beispiel lautet so:
Die nächstfolgende Zahl ist immer um zwei größer als die vorhergehende. Als Lösung muss deshalb in das obere Feld eine 14 und in das untere eine 17 geschrieben werden.

Beispiel:

4	6	8	10	12	**14**
7	9	11	13	15	**17**

Beginne mit der ersten Aufgabe, wenn dir das Testprinzip an dem Beispiel klargeworden ist. Du hast für die folgenden 27 Aufgaben genau 25 Minuten Zeit. Wenn du früher fertig bist, kannst du mit der Punktauswertung beginnen. Solltest du in der Zeit nicht ganz fertig werden, musst du den Test abbrechen.

1. Aufgaben zu den Zahlenreihen

Name: ________________ Vorname: __________________ Alter: _____ Klasse:_____

Trage die entsprechenden Zahlen in die leeren Kästchen!
Die Zahlen in den übereinanderliegenden Kästchen sind nicht als Bruch zu lesen. Alle Zahlen der oberen und unteren Kästchen sind getrennt voneinander nach einer bestimmten Regel aufgebaut.

★ *Bei Aufgaben, die mit diesem Zeichen versehen sind, sind beide Reihen einzubeziehen:*

Beispiel

4	6	8	10	12	**14**
7	9	11	13	15	**17**

Aufgabe 1

11	9	7	5	3	
4	5	6	7	8	

Aufgabe 2

3	6	18	72	360	
2	4	12	48	240	

Aufgabe 3

6	7	8	5	4	
6	5	4	5	6	

Aufgabe 4

1	1	1	5	5	
5	4	3	4	3	

Aufgabe 5

4	5	7	8	10	11	13	14	
30	29	27	26	24	23	21	20	

Aufgabe 6

2	3	5	6	8	9	11
12	14	15	17	18		

Aufgabe 7

1	3	6	10	15	21	28	36	
4	6	9	13	18	24	31	39	

Aufgabe 8

1	2	1	4	1	8	1
16	1	32	1	64		

Aufgabe 9

3	9	27	27	81	243	243	729	
1	3	9	9	27	81	81	243	

Aufgabe 10

12	9	7	4	2	- 1	- 3	- 6	
- 10	- 7	- 5	- 2	0	3	5	8	

✶ Aufgabe 11

1	3	4	1	3	
6	5	2	6	5	

✶ Aufgabe 12

10	12	12	14	14	
6	8	8	10	10	

✶ Aufgabe 13

10	1	2	5	4	
7	2	1	4	5	

Aufgabe 14

100	121	144	169	196	
81	64	49	36	25	

Aufgabe 15

1	1	2	6	24	120	
1	6	30	120	360	720	

Aufgabe 16

20	25	28	33	36	41	44
49	52	1	4	9	12	

54	56	63	65	72	74	81
83	90	29	36	38	45	

Aufgabe 17

92	1	2	4	7	11	16
22	29	37	46	56	67	

34	125	112	100	89	79	70
62	55	49	44	40	37	

Aufgabe 18

1800	300	60	15	5	
720	120	24	6	2	

Aufgabe 19

12	9	5	0	- 6	- 13	
9	12	16	21	27	34	

Aufgabe 20

5760	576	72	12	3	
1890	210	30	6	2	

Aufgabe 21

20	40	120	480	2400	
120	60	20	5	1	

Aufgabe 22

2	4	12	48	240	
1	2	6	24	120	

Aufgabe 23

2	1	4	3	6	5	8
7	10	9	12	11	14	

- 6	- 9	30	27	24	21	18
15	12	9	6	3	0	

Aufgabe 24

1	2	3	12	10	
4	2	1	6	10	

Aufgabe 25

4	4	3	3	5	
2	1	2	1	2	

Aufgabe 26

3	8	3	7	3	6	3	5
3	4	3		3	2	3	1

4	6	4	7	4	8	4	9
4	10	4		4	12	4	13

Aufgabe 27

8	16	32	64	128	
256	128	64	32	16	

Punktzahl:
Aufgaben 1 – 14 bei richtiger Lösung je 1 Punkt (14 Punkte), bei nur einer richtigen Lösung pro Aufgabe ½ Punkt.
Aufgaben 15 – 27 bei richtiger Lösung je 2 Punkte (26 Punkte), bei nur einer richtigen Lösung pro Aufgabe 1 Punkt.

Gesamtpunktzahl: 40 Punkte

Aufgaben 1 – 14 : ___________ Punkte

Aufgaben 15 – 27: ___________ Punkte   Gesamtpunktzahl: ___________ Punkte

2. Lösungen und Punkteauswertung

Aufgaben zu den Zahlenreihen

Aufgabe 1

11	9	7	5	3	**1**
4	5	6	7	8	**9**

Aufgabe 2

3	6	18	72	360	**2160**
2	4	12	48	240	**1440**

Aufgabe 3

6	7	8	5	4	**3**
6	5	4	5	6	**7**

Aufgabe 4

1	1	1	5	5	**5**
5	4	3	4	3	**2**

Aufgabe 5

4	5	7	8	10	11	13	14	**16**
30	29	27	26	24	23	21	20	**18**

Aufgabe 6

2	3	5	6	8	9	11
12	14	15	17	18	**20**	**21**

Aufgabe 7

1	3	6	10	15	21	28	36	**45**
4	6	9	13	18	24	31	39	**48**

Aufgabe 8

1	2	1	4	1	8	1
16	1	32	1	64	**1**	**128**

Aufgabe 9

3	9	27	27	81	243	243	729	**218**
1	3	9	9	27	81	81	243	**729**

Aufgabe 10

12	9	7	4	2	- 1	- 3	- 6	**- 8**
- 10	- 7	- 5	- 2	0	3	5	8	**10**

✶ Aufgabe 11

1	3	4	1	3	**4**
6	5	2	6	5	**2**

✶ Aufgabe 12

10	12	12	14	14	**10**
6	8	8	10	10	**6**

✶ Aufgabe 13

10	1	2	5	4	**7**
7	2	1	4	5	**10**

Aufgabe 14

100	121	144	169	196	**225**
81	64	49	36	25	**16**

Aufgabe 15

1	1	2	6	24	120	**720**
1	6	30	120	360	720	**720**

Aufgabe16

20	25	28	33	36	41	44
49	52	1	4	9	12	**17**

54	56	63	65	72	74	81
83	90	29	36	38	45	**47**

Aufgabe 17

92	1	2	4	7	11	16
22	29	37	46	56	67	**79**

34	125	112	100	89	79	70
62	55	49	44	40	37	**35**

Aufgabe 18

1800	300	60	15	5	**2,5**
720	120	24	6	2	**1**

Aufgabe 19

12	9	5	0	- 6	- 13	**- 21**
9	12	16	21	27	34	**42**

Aufgabe 20

5760	576	72	12	3	**1,5**
1890	210	30	6	2	**2**

Aufgabe 21

20	40	120	480	2400	**14400**
120	60	20	5	1	**1/6**

Aufgabe 22

2	4	12	48	240	**1440**
1	2	6	24	120	**720**

Aufgabe 23

2	1	4	3	6	5	8
7	10	9	12	11	14	**13**

- 6	- 9	30	27	24	21	18
15	12	9	6	3	0	**- 3**

Aufgabe 24

1	2	3	12	10	**8**
4	2	1	6	10	**12**

Aufgabe 25

4	4	3	3	5	**5**
2	1	2	1	2	**1**

Aufgabe 26

3	8	3	7	3	6	3	5
3	4	3	**3**	3	2	3	1

4	6	4	7	4	8	4	9
4	10	4	**11**	4	12	4	13

Aufgabe 27

8	16	32	64	128	**256**
256	128	64	32	16	**8**

Punktzahl:
Aufgaben 1 – 14 bei richtiger Lösung je 1 Punkt (14 Punkte),
bei nur einer richtigen Lösung pro Aufgabe ½ Punkt.
Aufgaben 15 – 27 bei richtiger Lösung je 2 Punkte (26 Punkte),
bei nur einer richtigen Lösung pro Aufgabe 1 Punkt.

Gesamtpunktzahl:
40 Punkte

Aufgabe	*Einpunktlösungen Ergebnisse*	*Punkte*	*Aufgabe*	*Zweipunktlösungen Ergebnisse*	*Punkte*
1			15		
2			16		
3			17		
4			18		
5			19		
6			20		
7			21		
8			22		
9			23		
10			24		
11			25		
12			26		
13			27		
14					
	Punkte:	**14**		Punkte:	**26**
			Gesamtpunkte:	**40**	

In der Lösungstabelle sind die richtigen Lösungen eingetragen.
Bis Aufgabe 14 wird ein Punkt vergeben, wenn beide Zahlen richtig sind.
Die Aufgaben 15 bis 27 werden mit zwei Punkten bewertet, wenn beide Zahlen richtig sind. Für eine richtige Zahl gibt es einen Punkt.
Schreiben Sie bitte bei jeder richtigen Aufgabe die Punkte dazu. Zählen Sie jetzt die Anzahl Ihrer Kreuze zusammen. Die Summe ergibt die Punktzahl für die mathematische Begabung.
In der Bewertungstabelle für die mathematische Begabung können Sie unter der Punktzahl nachsehen, wie gut der Schüler im Vergleich zu Personen seines Alters abgeschnitten hat.

Bewertungstabelle

10 – 13 Jahre	*14 – 16 Jahre*	*17 – 21 Jahre*	*Bewertung*
33 – 40	36 – 40	38 – 40	sehr gut
29 – 32	33 – 35	35 – 37	gut
20 – 28	23 – 32	28 – 34	durchschnittlich
13 –19	18 – 22	20 – 27	unterdurchschnittlich
8 – 12	11 – 17	14 – 19	gering
0 – 7	0 – 10	0 – 13	sehr gering

Dieses Screeningverfahren eignet sich zur Sichtung der mathematischen Begabung. Neben der Altersgruppe spielt das Bildungsniveau eine Rolle. Erzielen jüngere Kinder gute Ergebnisse kann dies auf eine besondere Begabung hinweisen.

6. Screeningverfahren zur Erfassung mathematischer Grundkenntnisse 1–4

Vorwort

Die öffentliche Darstellung der PISA-Studie hat die mangelhaften Lesekompetenzen und -interessen Jugendlicher in Deutschland betont. Leider wird häufig übersehen, dass auch in anderen Leistungsbereichen das in Deutschland erreichte Niveau eher bescheiden ausfällt. Das Deutsche PISA-Konsortium hat in seinem Bericht von 2001 beispielsweise festgehalten, dass rund 24 % der deutschen 15-Jährigen zu einer Risikogruppe gehören, die in Mathematik maximal das Grundschulniveau (Kompetenzstufe 1) erreicht. Allerdings sind die Unterschiede der einzelnen Bundesländer sehr verschieden. Auch die Ergebnisse der im Grundschulalter durchgeführten Iglu-Studie fallen nur auf den ersten Blick günstiger aus:
Nahezu 20 % der Schüler erreichen am Ende der vierten Klasse gerade einmal ein Leistungsniveau, das dem durchschnittlichen Niveau von Zweitklässlern entspricht.

Die Sorge um das Leistungs- und Kompetenzniveau unserer Schulen und Schüler hat in vielen Berufsgruppen und nicht zuletzt auch bei Eltern eine starke Nachfrage nach diagnostischen Verfahren und Förderansätzen ausgelöst. Lehrkräfte zeigen vermehrtes Interesse an den Kompetenzgrundlagen mathematischer Leistungen und ihrer Diagnose.
Ein erster Schritt der Reihe Deutsche Schultests zur Deckung dieses Bedarfes bestand darin, die DEMAT-Reihe (Deutsche Mathematiktests) zu entwickeln und bundesweit zu normieren. Mithilfe der Verfahren dieser Reihe ist es möglich, den Leistungsstand von Schülern und Klassen im Fach Mathematik objektiv und differenziert zu erfassen.
Mit dem Heidelberger Rechentest (HRT 1–4) beginnt ein zweiter Schritt zur Deckung des mathematik-diagnostischen Bedarfs. Es handelt sich dabei weniger um einen Schulleistungstest, als vielmehr um einen Test zur Prüfung basaler mathematik-relevanter Kompetenzen. Für die Identifikation potenziell leistungsstarker und potenziell leistungsschwacher Schüler im Bereich der Mathematik ist dieses Verfahren als Gruppen- wie als Individualtest geeignet. Diese Verfahren werden von Beratungsfachkräften durchgeführt.

1. Begründung und Diagnostische Zielsetzung:

Das Screening soll den Lehrkräften eine Möglichkeit bieten, elementare Rechenleistungen zu erfassen, die unabhängig von spezifischen Lehrplänen in jeder Sprache und Kultur gleichermaßen die Grundlage mathematischer Kompetenzen darstellen. Er ist zu jedem Zeitpunkt ab Ende der 1. Klasse bis zum Ende der Grundschulzeit durchführbar und soll die Frage beantworten, wie rasch und sicher ein Kind im Vergleich zur Klassennorm die Grundrechenarten beherrscht.
Das Screening ist als Gruppentest in Schulklassen durchführbar und gibt Auskunft über den Leistungsstand einzelner Schüler und kompletter Schulklassen. Er differenziert im gesamten Leistungsbereich und soll helfen sowohl rechenschwache Kinder als auch solche mit besonders guten mathematischen Begabungen rasch und zuverlässig zu erkennen.
Anhand der Testprofile ergeben sich Hinweise auf Förderbedarf und gezielte Interventionsmaßnahmen.
Rückmeldungen, Fragen, Kritik und Anregungen der Testanwender sind dem Autor willkommen.
Dieses Screening misst unabhängig von spezifischen Lehrplänen, wie rasch und sicher ein Kind die Grundrechenarten beherrscht.

Anwendungsbereiche:
Als Einzelverfahren ist er auch für Lehrkräfte für die Diagnostik von Rechenschwäche (Dyskalkulie) und mathematischer Begabung geeignet.

2. Testaufbau:
5 Untertests für die Bereiche:

Rechenoperationen (4 Untertests) – Addition, Subtraktion, Multiplikation, Division

Numerisch-logische Fähigkeiten (1 Untertest) – Zahlenreihen

Anwendungszeitraum – Ab Ende der 1. Klasse bis Ende der 4. Klasse, zu jedem Zeitpunkt im Schuljahr. Die Normen für Ende der 4. Klasse (4. Quartal) sind auch zur Leistungsbeurteilung im 1. Quartal der 5. Klasse verwendbar.

Durchführungszeit – In Schulklassen ca. 30 – 40 Minuten, als Einzeltest ca. 25 Minuten.

3. Auswertung und Normen
Ermittlung der Anzahl richtig gelöster Aufgaben als Rohwert für jeden Untertest. Anhand der PR-Werte der 5 Untertests können 2 Skalenwerte (1. Rechenoperationen, 2. numerisch-logische) berechnet werden. Die Ergebnisse der Untertests und Skalenwerte können entsprechend gewertet werden.
Für alle Untertests liegen Prozentränge und T-Werte für 4 Quartale pro Schuljahr ab Ende 1. Klasse bis Ende 4. Klasse vor.

4. Allgemeine Durchführungsanleitung

- Bei dem Screening geht es um Lösungsstrategien und Schnelligkeit.
- Die Zeiten sind bei jedem Untertest so gewählt, dass in der Regel nicht alle Kinder die Aufgaben in der vorgegebenen Zeit lösen können. Dies wird den Schülern ausdrücklich zu Beginn des Tests erklärt.
  Jedes Kind soll zügig arbeiten und nicht zu lange an einer Aufgabe verweilen. Die Aufgaben sollen der Reihe nach bearbeitet werden. Wenn ein Schüler eine Aufgabe nicht gleich lösen kann, soll er sie übergehen.
- Alle Beispielaufgaben werden genau besprochen und mit den Schülern durchgeführt. Die Lösungen werden ins Testheft eingetragen. Verständnisprobleme sind auszuschließen.
- Die Aufgaben werden ohne Pause durchgeführt (Während der Testzeit werden keine Fragen zu den Aufgaben beantwortet).
- Die Zeiten werden genau eingehalten (Stopp-Uhr).
- Das Gütekriterium der Objektivität ist einzuhalten.

5. Hinweise zur Testdurchführung:

- Jedes Kind hat zwei Bleistifte vor sich liegen. Spitzer und Radiergummi sind nicht Zugelassen. Der Arbeitsplatz ist leer. Ein Abschreiben ist zu vermeiden (evtl. Schultasche als Sichtschutz)
- Ergebnisse können korrigiert werden, indem die Fehler durchstrichen werden. Die neue Lösung wird daneben geschrieben.
- Nach Bearbeitung aller Beispielaufgaben eines Untertests wird gemeinsam zum nächsten Untertest gegangen. Mit den Aufgaben wird dann zusammen begonnen.
- Nach Beendigung der Aufgaben legen alle Schüler den Stift weg.

6. Testanleitung
Die Anweisung soll möglichst wörtlich vorgetragen werden.
„Ihr bekommt heute Blätter mit verschiedenen Aufgaben. Ich möchte herausfinden, wie schnell ihr rechnen könnt und wie viele Aufgaben ihr lösen könnt. Nicht alle Schüler werden diese lösen. Das ist nicht weiter schlimm. Ich möchte nur feststellen, wie schnell und gut jeder rechnen kann. Vorher muss ich euch noch einige Regeln erklären. Weitere Hinweise sollen euch helfen, möglichst viele Aufgaben zu rechnen.

Ihr benötigt zwei Stifte. Wenn ein Stift einmal abbrechen sollte, schreibt ihr mit dem zweiten Stift weiter und verliert keine Zeit. Ihr benötigt keinen Radiergummi, weil dies zu lange dauert. Bei einer Änderung streicht ihr die falsche Lösung durch und schreibt die richtige Lösung daneben. Die Beispielaufgaben besprechen wir immer zuerst. Jeder muss die Aufgabe verstanden haben und soll auch Fragen stellen. Später darf ich euch keine Antwort mehr geben. Bei „Los“ beginnt ihr mit den Aufgaben. Bei „Stopp“ müsst ihr sofort aufhören und den Stift auf den Tisch legen.
Hier noch ein Hinweis, wie man mehr Aufgaben schafft. Fangt immer mit der Aufgabe 1 auf jeder Seite an und löst die Aufgaben der Reihe nach. Die Aufgaben sind am Anfang leichter und werden schwieriger. Wenn ihr eine Aufgabe nicht lösen könnt, dürft ihr sie auch auslassen und die nächste probieren. Versucht immer viele Aufgaben zu schaffen.
Ich teile jetzt die Hefte aus. Bitte lasst die Hefte auf dem Tisch liegen, wir füllen dann gemeinsam die oberste Seite aus.
Nach dem Austeilen der Hefte wird das Deckblatt mit Angaben zu Name, Vorname, Klasse, Schule ,Geb.-Datum, Testdatum und Nationalität ausgefüllt.

7. Genaue Anweisung

1. Addition (Plus Aufgaben) Zeit: 3 Minuten
„Auf dieser Seite steht Addition „Plus Rechnen“. (*Seite im Testheft zeigen oder zeigen lassen*). Ihr sollt die zwei Zahlen zusammenzählen (addieren). Die Beispiele sind leicht. 4 + 1 = (*Kinder antworten lassen*), 4 + 4 = (8) und 3 + 8 = (11). Schreibt bitte die richtigen Antworten zu den Beispielen in euer Heft. Auf dieser Seite kommen viele Plus-Aufgaben vor. Rechnet möglichst schnell. Fangt mit der Aufgabe Nr.1 an und löst die Aufgaben der Reihe nach. Ihr könnt Aufgaben, die für euch schwierig sind, auslassen. Versucht so viele Aufgaben wie möglich zu schaffen. Seid ihr fertig?“
Nach 3 Minuten: Stopp!

Rechne möglichst schnell und genau.
Beispiele: 4 + 1 =
4 + 4 =
3 + 8 =

2. Subtraktion (Minus Aufgaben) Zeit: 3 Minuten
„Auf der nächsten Seite steht Subtraktion „Minus Rechnen“. (*Seite zeigen oder zeigen lassen*). Hier soll man die zweite Zahl von der ersten abziehen (subtrahieren/wegnehmen). Die Beispiele sind leicht. 4 –1 = (*Kinder antworten lassen*), 4 – 4 = (0),8 – 3 = (5). Schreibt bitte die richtigen Antworten zu den Beispielen in euer Heft. Auf dieser Seite kommen viele Minus-Aufgaben vor. Rechnet möglichst schnell. Fangt mit der Aufgabe Nr.1 an und löst die Aufgaben der Reihe nach. Ihr könnt Aufgaben, die für euch schwierig sind, auslassen. Versucht so viele Aufgaben wie möglich zu schaffen. Seid ihr fertig?“
Nach 3 Minuten: Stopp!

Rechne möglichst schnell und genau.
Beispiele: 4 – 1 =
4 – 4 =
8 – 3 =

Hinweis: Aufgaben zur Multiplikation und Division werden erst ab Ende der 2. Klasse bearbeitet. Begabte Schüler können die Aufgaben natürlich auch eher bearbeiten.

3. Multiplikation (Malnehmen) Zeit: 3 Minuten (erst ab Ende der 2.Klasse)
Auf der nächsten Seite steht Multiplikation „Malnehmen“. Hier soll man die zwei Zahlen malnehmen oder multiplizieren. 2 • 2 = (*Kinder antworten lassen*), 2 • 3 = (6), 3 • 5 = (15). Schreibt bitte die richtigen Antworten zu den Beispielen in euer Heft. Auf dieser Seite kommen viele Mal-Aufgaben vor. Rechnet möglichst schnell. Fangt mit der Aufgabe Nr.1 an und löst die Aufgaben der Reihe nach. Ihr könnt Aufgaben, die für euch schwierig sind, auslassen. Versucht so viele Aufgaben wie möglich zu schaffen. Seid ihr fertig?“
Nach 3 Minuten: Stopp!

Rechne möglichst schnell und genau.
Beispiele: 2 • 2 =
2 • 3 =
3 • 5 =

4. Division (Teilen) Zeit: 3 Minuten (erst ab Ende der 2.Klasse)
Auf der nächsten Seite steht Division „Teilen“. Hier soll man die zwei Zahlen teilen oder dividieren. 4 : 1 = (*Kinder antworten lassen*), 6 : 3 = (2), 6 : 2 = (3). Schreibt bitte die richtigen Antworten zu den Beispielen in euer Heft. Auf dieser Seite kommen viele Geteilt-Aufgaben vor. Rechnet möglichst schnell. Fangt mit der Aufgabe Nr.1 an und löst die Aufgaben der Reihe nach. Ihr könnt Aufgaben, die für euch schwierig sind, auslassen. Versucht so viele Aufgaben wie möglich zu schaffen. Seid ihr fertig?“
Nach 3 Minuten: Stopp!

Rechne möglichst schnell und genau.
Beispiele: 4 : 1 =
6 : 3 =
6 : 2 =

5. Zahlenfolgen Zeit: 15 Minuten
„Nun sollt ihr Denkaufgabe bearbeiten. Ihr müsst deshalb gut aufpassen. Hier steht „Zahlenfolgen“. (*Seite zeigen oder zeigen lassen*). In jeder Zahlenreihe ist eine Regel versteckt. Ihr sollt herausfinden, wie die Reihe weiter geht. Neben dem Fragezeichen seht ihr fünf Zahlen. Eine davon ist richtig. Wir versuchen die Lösung gemeinsam.

Beispiel 1: Sprecht bitte mit: 2 – 4 – 6 – 8 –10 – 12 – ? Die Zahl 14 ist in dieser Reihe richtig, weil immer 2 dazukommen. Deshalb kreuzt ihr rechts das Kästchen mit der Zahl 14 an.

Beispiel 2: Die nächste Reihe ist nicht schwer. Sprecht bitte mit: (*mit der Klasse gemeinsam laut sprechen*) 9 – 8 – 7 – 6 – 5 – 4 – ? Ihr zählt einfach eine Zahl rückwärts: Die Zahl 3 ist richtig.

Beispiel 3: Wer erkennt hier die Regel? Das Beispiel ist etwas schwieriger.
Sprecht bitte mit: (*mit der Klasse gemeinsam laut sprechen*) 3 – 2 – 4 – 3 –5 – 4 – ? Wer erklärt die Regel? (*Kinder erklären lassen*) Es wird 1 weggenommen und dann immer 2 dazugezählt. Es muss die Zahl 6 angekreuzt werden.

Beispiel 4: Wer erkennt hier die Regel? Es wird immer die Hälfte genommen. Die Zahl 2 wird angekreuzt .

Auf der nächsten Seite stehen 20 Denkaufgaben. Versucht möglichst viele zu lösen.
Bei einigen Aufgaben muss man malnehmen oder teilen. Wenn ihr eine Aufgabe nicht lösen könnt, so geht ihr zur nächsten. Wenn ihr noch Zeit habt, könnt ihr diese Aufgabe später lösen.“
Nach 15 Minuten: Stopp.

Zahlenfolgen
Finde die Regel in jeder Reihe und setze diese richtig fort.

8. Beurteilung der Normwerte

Auswertung und Interpretation

- *Ermittlung der Normwerte*
  Die Rohwerte der einzelnen Aufgabenarten sind in die Tabelle auf dem Deckblatt zu übertragen und zum Gesamttestwert zu addieren. Die Aufgaben werden grundsätzlich mit 1 oder 0 Punkten bewertet. Die Leistung eines Schülers kann anhand der Normentabelle beurteilt und interpretiert werden. Die entsprechenden Prozentränge bzw. T-Werte können in den Tabellen von Seite 126 bis Seite 141 für den Gesamtwert und die Untertestwerte abgelesen werden. Jedes Messverfahren hat eine gewisse Messungenauigkeit. Auf Vertrauensintervalle wurde bewusst verzichtet, da Lehrkräfte ohne diagnostische Kenntnisse nur verunsichert würden. Das Ergebnis soll als Screeningverfahren erste Hinweise auf die Leistung eines Schülers geben.

- *Auswertung*
  Die Auswertung wird an einem Fallbeispiel aufgezeigt.
  Mike zeigte große Probleme in Deutsch (Note 5) und in Mathematik (Note 5).Im Prüfsystem für Schul- und Bildungsberatung für 4. bis 6. Klassen (PSB-R 4–6) erreichte er im Intelligenzbereich durchschnittliche Ergebnisse (PR 65).
  Aus den T-Werten der Untertests wird der Mittelwert (mT) für die Grundrechnungsarten festgestellt (4. Klasse, Q4):
  Die Rohwerte: AD = 31 SU = 28 MU = 23 DIV = 17 und ZF = 15
  mT = (AD + SU + MU + DIV) : 4
  mT = (52 + 48 + 41 + 38) : 4 = 44,75
  Für die Grundrechnungsarten ergibt sich folgendes Ergebnis: T = 43 PR = 24
  Zahlenfolgen: T = 54 PR = 66
  Die Grundrechnungsarten können auch einzeln oder nach AD + SU oder MU + DIV durch den entsprechenden Teiler interpretiert werden. So können die Stärken und Schwächen der einzelnen Rechenarten beurteilt werden und entsprechen gefördert werden. Die Zahlenfolgen weisen auf die induktive Denkfähigkeit hin und wurden für das Gesamtergebnis nicht mit einbezogen. Die Leistungen im Bereich grundlegender Rechenoperationen sind insgesamt unterdurchschnittlich (PR = 24). Multiplikation und Division beherrscht er nur unzureichend. Er verfügt über deutliche Stärken im Bereich des logischen Denkens. Die logische Verarbeitung von Zahlenfolgen gelingt gut mit einem Wert im oberen Durchschnittsbereich. Im Hinblick auf seine schulische Entwicklung sollte daher eine gezielte Förderung im Bereich der Rechenoperationen angestrebt werden.
- *Rechenschwäche (Dyskalkulie)*
  Die Prozentrangwerte und die T-Werte für die Skalen der Grundrechnungsarten und für den Screening-Gesamtwert) können zur Vermutung einer Rechenschwäche (Dyskalkulie) herangezogen werden.
  Dieses Screening kann allerdings nur den Verdacht einer Schwäche vermuten lassen. Zu einer genauen Diagnose sind Beratungsfachkräfte einzubeziehen.
  Prozentränge von über 25 (PR > 25) sind in der Regel als unauffällig zu betrachten, d. h. das Kind zeigt eine mindestens ausreichende Leistung.
  Der Bereich von PR = 15 – 25 ist als grenzwertig einzuordnen.
  Hier ist meist von einer tendenziellen bis leichten Schwäche auszugehen und Förder- und Übungsmaßnahmen sind zu empfehlen.
  Bei Prozentrangwerten von PR = 14 oder darunter ist von einer deutlichen Schwäche mit entsprechend notwendigem Übungs- und Förderbedarf auszugehen.
  Liegt der Prozentrangwert für die Skala der Grundrechnungsarten oder für die Skala Gesamtwert bei PR = 10 oder darunter, so liegt eine basale Rechenschwäche vor. Wenn gleichzeitig der IQ-Wert in einem Intelligenztest (als T-Wert umgerechnet) mehr als 12 T-Wertpunkte über dem T-Wert der Rechenleistung (Skala Grundrechnungsarten oder Skala Ges) liegt (T-Wert IQ minus T-Wert Screening > 12), ist nach den Kriterien der Leitlinien zu Diagnostik und Therapie von psychischen Störungen der Deutschen Gesellschaft für Kinder und Jugendpsychiatrie von einer spezifischen Rechenschwäche oder Dyskalkulie auszugehen.

Prozentrang	*T-Wert*	*Leistungsbeurteilung*
< 4	< 33	sehr schwach
5 – 15	34 – 39	schwach
16 – 24	40 – 43	unterdurchschnittlich
25 – 75	44 – 56	durchschnittlich
76 – 90	57 – 63	überdurchschnittlich
> 91	> 64	weit überdurchschnittlich

Hinweis: Grenzwertige Bereiche wie zum Beispiel PR 25 hinterfragen. Der Bereich „durchschnittlich“ deckt einen weiten Bereich ab.

9. Aufgaben

Screeningverfahren 1 – 4

zur Erfassung mathematischer Grundrechnungsarten
und mathematischen Denkens im Grundschulalter

Testheft

Auswertungsbeispiel

Name:	**Musterfrau**
Vorname:	**Helga**
Geb.-Datum:	**TT.MM.JJJJ**
Klasse:	**4**
Schule:	**Musterschule**
Testdatum: Quartal:	**TT.MM.JJJJ** Q1 Q2 Q3 Q4 ✔
Nationalität:	

Aufgabentyp	Rohwert	T-Wert	Prozentrang	Leistungsbeurteilung
Addition (AD)	40 **31**	**52**	**58**	durchschnittlich
Subtraktion (SU)	40 **28**	**48**	**42**	durchschnittlich
Multiplikation (MU)	40 **23**	**41**	**18**	unterdurchschnittlich
Division (DIV)	40 **17**	**38**	**12**	schwach
Gesamtsumme T-Werte	___	**179**	___	___
Gesamtwert (mT)	: 2 oder : 4	mT **45**	___	___
Tabellenwerte	___	**43**	**24**	unterdurchschnittlich
Zahlenfolgen (ZF)	20 **15**	**54**	**66**	durchschnittlich (oberer Bereich)

1. Grundrechnungsarten:
Gesamtwert aus dem Mittelwert der T-Werte (mT):
1. Klasse bis 3. Quartal 2. Klasse: (AD + SU) : 2 =
4. Quartal 2. Klasse bis 4. Klasse: (AD + SU + MU + DIV) : 4 =
Die Werte der Rechenarten können einzeln bewertet werden (Normentabellen).
Die Summe der Werte kann dann anhand der Normentabellen (gesamt) in PR-Werte und T-Werte transformiert werden

2. Induktive Denkfähigkeit (Zahlenfolgen):
Werte aus den jeweiligen Normentabellen

Screeningverfahren 1 – 4

zur Erfassung mathematischer Grundrechnungsarten
und mathematischen Denkens im Grundschulalter

Testheft

Name:				
Vorname:				
Geb.Datum:				
Klasse:				
Schule:				
Testdatum: Quartal:	Q1	Q2	Q3	Q4
Nationalität:				

Aufgabentyp	Rohwert	T-Wert	Prozentrang	Leistungsbeurteilung
Addition (AD)	40			durchschnittlich
Subtraktion (SU)	40			durchschnittlich
Multiplikation (MU)	40			unterdurchschnittlich
Division (DIV)	40			schwach
Gesamtsumme T-Werte	________		________	________
Gesamtwert (mT)	: 2 oder : 4	mT	________	________
Tabellenwerte	________			unterdurchschnittlich
Zahlenfolgen (ZF)	20			durchschnittlich (oberer Bereich)

1. Grundrechnungsarten:
Gesamtwert aus dem Mittelwert der T-Werte (mT):
1. Klasse bis 3. Quartal 2. Klasse: (AD + SU) : 2 =
4. Quartal 2. Klasse bis 4. Klasse: (AD + SU + MU + DIV) : 4 =
Die Werte der Rechenarten können einzeln bewertet werden (Normentabellen).
Die Summe der Werte kann dann anhand der Normentabellen (gesamt) in PR-Werte und T-Werte transformiert werden

2. Induktive Denkfähigkeit (Zahlenfolgen):
Werte aus den jeweiligen Normentabellen

Mathematik: Addition (Plusaufgaben)

Rechne möglichst schnell und genau.

Beispiele:

4 + 1 = ☐

4 + 4 = ☐

3 + 8 = ☐

RW ☐

Aufgaben:

Nr.	Aufgabe		Ergebnis
1	1 + 5	=	
2	3 + 3	=	
3	3 + 7	=	
4	4 + 2	=	
5	0 + 8	=	
6	5 + 5	=	
7	14 + 0	=	
8	8 + 3	=	
9	11 + 4	=	
10	7 + 10	=	
11	8 + 8	=	
12	4 + 7	=	
13	2 + 18	=	
14	14 + 6	=	
15	6 + 9	=	
16	9 + 6	=	
17	5 + 14	=	
18	5 + 9	=	
19	14 + 8	=	
20	8 + 12	=	

Nr.	Aufgabe		Ergebnis
21	5 + 17	=	
22	11 +11	=	
23	16 + 15	=	
24	25 + 14	=	
25	32 + 52	=	
26	18 + 15	=	
27	15 + 70	=	
28	28 + 28	=	
29	17 + 26	=	
30	35 + 65	=	
31	28 + 25	=	
32	39 + 32	=	
33	74 + 27	=	
34	65 + 18	=	
35	67 + 55	=	
36	150 + 223	=	
37	246 + 474	=	
38	187 + 613	=	
39	538 + 387	=	
40	244 + 557	=	

Nebenrechnungen:

Mathematik: Subtraktion (Minusaufgaben)

Rechne möglichst schnell und genau.

Beispiele:

4 – 1 = ☐

4 – 4 = ☐

3 – 8 = ☐

RW ☐

Aufgaben:

Nr.	Aufgabe		Ergebnis
1	5 – 1	=	
2	6 – 3	=	
3	7 – 3	=	
4	4 – 2	=	
5	8 – 0	=	
6	5 – 5	=	
7	14 – 4	=	
8	8 – 3	=	
9	11 – 4	=	
10	10 – 7	=	
11	8 – 4	=	
12	14 – 6	=	
13	18 – 10	=	
14	14 – 6	=	
15	20 – 6	=	
16	14 – 9	=	
17	16 – 7	=	
18	15 – 9	=	
19	18 – 12	=	
20	19 – 3	=	

Nr.	Aufgabe		Ergebnis
21	20 – 17	=	
22	17 – 8	=	
23	16 – 9	=	
24	25 – 7	=	
25	36 – 7	=	
26	35 – 12	=	
27	40 – 16	=	
28	58 – 20	=	
29	65 – 15	=	
30	63 – 32	=	
31	73 – 26	=	
32	49 – 32	=	
33	74 – 18	=	
34	84 – 58	=	
35	92 – 55	=	
36	130 – 32	=	
37	165 – 56	=	
38	542 – 485	=	
39	464 – 375	=	
40	735 – 452	=	

Nebenrechnungen:

Mathematik: Multiplikation (Malnehmen)

Rechne möglichst schnell und genau.

Beispiele:

2 • 2 = ☐

2 • 3 = ☐

3 • 5 = ☐

RW ☐

Aufgaben:

Nr.	*Aufgabe*		*Ergebnis*
1	1 • 4	=	
2	3 • 3	=	
3	1 • 6	=	
4	2 • 4	=	
5	0 • 7	=	
6	5 • 5	=	
7	1 • 1	=	
8	8 • 2	=	
9	4 • 0	=	
10	3 • 5	=	
11	3 • 4	=	
12	4 • 4	=	
13	7 • 2	=	
14	3 • 6	=	
15	6 • 4	=	
16	5 • 6	=	
17	6 • 6	=	
18	7 • 7	=	
19	5 • 8	=	
20	8 • 7	=	

Nr.	*Aufgabe*		*Ergebnis*
21	6 • 9	=	
22	6 • 7	=	
23	8 • 8	=	
24	12 • 3	=	
25	5 • 10	=	
26	4 • 11	=	
27	15 • 3	=	
28	6 • 12	=	
29	5 • 17	=	
30	18 • 4	=	
31	19 • 10	=	
32	8 • 12	=	
33	12 • 12	=	
34	9 • 18	=	
35	12 • 15	=	
36	14 • 14	=	
37	8 • 21	=	
38	15 • 15	=	
39	18 • 8	=	
40	18 • 18	=	

Nebenrechnungen:

Mathematik: Division (Teilen)

Rechne möglichst schnell und genau.

Beispiele:

4 : 1 = ☐

6 : 3 = ☐

6 : 2 = ☐

RW ☐

Aufgaben:

Nr.	Aufgabe		Ergebnis
1	8 : 2	=	
2	10 : 1	=	
3	12 : 3	=	
4	12 : 3	=	
5	12 : 4	=	
6	20 : 5	=	
7	16 : 4	=	
8	24 : 3	=	
9	33 : 3	=	
10	16 : 8	=	
11	5 : 0	=	
12	20 : 5	=	
13	18 : 9	=	
14	40 : 8	=	
15	24 : 6	=	
16	30 : 5	=	
17	28 : 7	=	
18	50 : 5	=	
19	54 : 9	=	
20	45 : 5	=	

Nr.	Aufgabe		Ergebnis
21	45 : 9	=	
22	48 : 6	=	
23	35 : 7	=	
24	90 : 9	=	
25	72 : 8	=	
26	64 : 8	=	
27	63 : 9	=	
28	88 : 8	=	
29	90 : 2	=	
30	100 : 2	=	
31	36 : 6	=	
32	140 : 7	=	
33	120 : 3	=	
34	44 : 4	=	
35	300 : 15	=	
36	125 : 5	=	
37	144 : 8	=	
38	225 : 5	=	
39	208 : 8	=	
40	550 : 10	=	

Nebenrechnungen:

Mathematik: Zahlenfolgen (Zeit: 10 Minuten)

Name: ______________________ Vorname: ___________________________

Geb.-datum: ______________ Testdatum: __________________ Klasse: ___________________

Rechne möglichst schnell und genau. RW [ ]

Erstes Beispiel

2	4	6	8	10	12	?

12	15	13	~~14~~	16

Die Zahl 14 ist in dieser Reihe die richtige Lösung, weil immer 2 dazukommen. Deshalb streicht Ihr rechts das Kästchen mit der Zahl 14 an.

Zweites Beispiel

9	8	7	6	5	4	?

2	3	1	4	5

Drittes Beispiel

3	2	4	3	5	4	?

5	6	4	7	3

Viertes Beispiel

128	64	32	16	8	4	?

2	3	4	0	1

Bei einigen der folgenden 20 Aufgaben muss man auch malnehmen oder teilen. Wenn Ihr eine Aufgabe nicht lösen könnt, so haltet Euch nicht zu lange dabei auf. Lasst sie lieber aus und versucht es noch einmal, wenn ihr am Schluss noch Zeit habt.

Wenn ihr etwas aufschreiben wollt, so könnt ihr das dort tun, wo die Aufgaben stehen oder auf diesem Blatt.

Bitte nicht umblättern, bevor dazu aufgefordert wird!

Aufgaben

1.	18	17	16	15	14	13	?	11	9	12	14	8
2.	5	10	15	20	25	30	?	28	40	32	35	38
3.	20	18	16	14	12	10	?	8	6	11	9	5
4.	2	3	5	8	12	17	?	22	20	25	27	23
5.	8	12	17	23	30	38	?	39	44	49	47	40
6.	9	8	10	9	11	10	?	15	12	11	14	13
7.	64	32	16	8	4	2	?	4	3	0	1	2
8.	6	12	10	20	18	36	?	28	36	42	34	58
9.	20	20	16	16	12	12	?	9	10	11	8	12
10.	2	12	4	14	6	16	?	18	7	8	10	14
11.	4	8	6	12	10	20	?	16	18	40	36	22
12.	66	68	34	36	18	20	?	16	14	12	10	8
13.	2	4	7	11	16	22	?	23	29	31	26	20
14.	7	14	8	16	9	18	?	11	20	32	24	10
15.	34	32	29	25	20	14	?	9	10	7	6	8
16.	14	18	22	26	30	34	?	32	38	40	36	35
17.	14	11	18	15	22	19	?	17	20	24	26	30
18.	1	2	4	8	16	32	?	38	60	48	64	72
19.	4	16	8	32	16	64	?	18	128	32	24	20
20.	12	14	28	30	60	62	?	64	124	90	82	72

10. Lösungen

Mathematik: Addition (Plusaufgaben)

Rechne möglichst schnell und genau.

Beispiele:

4 + 1 = ☐

4 + 4 = ☐

3 + 8 = ☐

RW ☐

Aufgaben:

Nr.	*Aufgabe*		*Ergebnis*
1	1 + 5	=	**6**
2	3 + 3	=	**6**
3	3 + 7	=	**10**
4	4 + 2	=	**6**
5	0 + 8	=	**8**
6	5 + 5	=	**10**
7	14 + 0	=	**14**
8	8 + 3	=	**11**
9	11 + 4	=	**15**
10	7 + 10	=	**17**
11	8 + 8	=	**16**
12	4 + 7	=	**11**
13	2 + 18	=	**20**
14	14 + 6	=	**20**
15	6 + 9	=	**15**
16	9 + 6	=	**15**
17	5 + 14	=	**19**
18	5 + 9	=	**14**
19	14 + 8	=	**22**
20	8 + 12	=	**20**

Nr.	*Aufgabe*		*Ergebnis*
21	5 + 17	=	**22**
22	11 +11	=	**22**
23	16 + 15	=	**31**
24	25 + 14	=	**39**
25	32 + 52	=	**84**
26	18 + 15	=	**33**
27	15 + 70	=	**85**
28	28 + 28	=	**56**
29	17 + 26	=	**43**
30	35 + 65	=	**100**
31	28 + 25	=	**53**
32	39 + 32	=	**71**
33	74 + 27	=	**101**
34	65 + 18	=	**83**
35	67 + 55	=	**122**
36	150 + 223	=	**373**
37	246 + 474	=	**720**
38	187 + 613	=	**800**
39	538 + 387	=	**925**
40	244 + 557	=	**801**

Mathematik: Subtraktion (Minusaufgaben)

Rechne möglichst schnell und genau.

Beispiele:

4 – 1 = ☐

4 – 4 = ☐

3 – 8 = ☐

RW ☐

Aufgaben:

Nr.	Aufgabe		Ergebnis
1	5 – 1	=	**4**
2	6 – 3	=	**3**
3	7 – 3	=	**4**
4	4 – 2	=	**2**
5	8 – 0	=	**8**
6	5 – 5	=	**0**
7	14 – 4	=	**10**
8	8 – 3	=	**5**
9	11 – 4	=	**7**
10	10 – 7	=	**3**
11	8 – 4	=	**12**
12	14 – 6	=	**8**
13	18 – 10	=	**8**
14	14 – 6	=	**8**
15	20 – 6	=	**14**
16	14 – 9	=	**5**
17	16 – 7	=	**9**
18	15 – 9	=	**6**
19	18 – 12	=	**6**
20	19 – 3	=	**16**

Nr.	Aufgabe		Ergebnis
21	20 – 17	=	**3**
22	17 – 8	=	**9**
23	16 – 9	=	**7**
24	25 – 7	=	**18**
25	36 – 7	=	**29**
26	35 – 12	=	**23**
27	40 – 16	=	**24**
28	58 – 20	=	**38**
29	65 – 15	=	**50**
30	63 – 32	=	**31**
31	73 – 26	=	**47**
32	49 – 32	=	**17**
33	74 – 18	=	**56**
34	84 – 58	=	**26**
35	92 – 55	=	**37**
36	130 – 32	=	**98**
37	165 – 56	=	**109**
38	542 – 485	=	**57**
39	464 – 375	=	**89**
40	735 – 452	=	**283**

Mathematik: Multiplikation (Malnehmen)

Rechne möglichst schnell und genau.

Beispiele:

2 • 2 = ☐

2 • 3 = ☐

3 • 5 = ☐

RW ☐

Aufgaben:

Nr.	*Aufgabe*		*Ergebnis*
1	1 • 4	=	4
2	3 • 3	=	9
3	1 • 6	=	6
4	2 • 4	=	8
5	0 • 7	=	0
6	5 • 5	=	20
7	1 • 1	=	1
8	8 • 2	=	16
9	4 • 0	=	0
10	3 • 5	=	15
11	3 • 4	=	12
12	4 • 4	=	16
13	7 • 2	=	14
14	3 • 6	=	18
15	6 • 4	=	24
16	5 • 6	=	30
17	6 • 6	=	36
18	7 • 7	=	49
19	5 • 8	=	40
20	8 • 7	=	56

Nr.	*Aufgabe*		*Ergebnis*
21	6 • 9	=	54
22	6 • 7	=	42
23	8 • 8	=	64
24	12 • 3	=	36
25	5 • 10	=	50
26	4 • 11	=	44
27	15 • 3	=	45
28	6 • 12	=	72
29	5 • 17	=	85
30	18 • 4	=	72
31	19 • 10	=	190
32	8 • 12	=	96
33	12 • 12	=	144
34	9 • 18	=	146
35	12 • 15	=	180
36	14 • 14	=	196
37	8 • 21	=	168
38	15 • 15	=	225
39	18 • 8	=	144
40	18 • 18	=	324

Mathematik: Division (Teilen)

Rechne möglichst schnell und genau.

Beispiele:

4 : 1 = ☐

6 : 3 = ☐

6 : 2 = ☐ RW ☐

Aufgaben:

Nr.	*Aufgabe*		*Ergebnis*
1	8 : 2	=	**4**
2	10 : 1	=	**10**
3	12 : 3	=	**4**
4	15 : 3	=	**5**
5	12 : 4	=	**3**
6	20 : 5	=	**4**
7	16 : 4	=	**4**
8	24 : 3	=	**8**
9	33 : 3	=	**11**
10	16 : 8	=	**2**
11	5 : 0	=	**5**
12	20 : 5	=	**4**
13	18 : 9	=	**2**
14	40 : 8	=	**5**
15	24 : 6	=	**4**
16	30 : 5	=	**6**
17	28 : 7	=	**4**
18	50 : 5	=	**10**
19	54 : 9	=	**6**
20	45 : 5	=	**9**

Nr.	*Aufgabe*		*Ergebnis*
21	45 : 9	=	**5**
22	48 : 6	=	**8**
23	35 : 7	=	**5**
24	90 : 9	=	**10**
25	72 : 8	=	**9**
26	64 : 8	=	**8**
27	63 : 9	=	**7**
28	88 : 8	=	**11**
29	90 : 2	=	**45**
30	100 : 2	=	**50**
31	36 : 6	=	**6**
32	140 : 7	=	**20**
33	120 : 3	=	**40**
34	44 : 4	=	**11**
35	300 : 15	=	**20**
36	125 : 5	=	**25**
37	144 : 8	=	**18**
38	225 : 5	=	**45**
39	208 : 8	=	**26**
40	550 : 10	=	**55**

Zahlenfolgen

1.	18	17	16	15	14	13	?	11	9	~~12~~	14	8
2.	5	10	15	20	25	30	?	28	40	32	~~35~~	38
3.	20	18	16	14	12	10	?	~~8~~	6	11	9	5
4.	2	3	5	8	12	17	?	22	20	25	27	~~23~~
5.	8	12	17	23	30	38	?	39	44	49	~~47~~	40
6.	9	8	10	9	11	10	?	15	~~12~~	11	14	13
7.	64	32	16	8	4	2	?	4	3	0	~~1~~	2
8.	6	12	10	20	18	36	?	28	36	42	34	~~58~~
9.	20	20	16	16	12	12	?	9	10	11	~~8~~	12
10.	2	12	4	14	6	16	?	18	7	~~8~~	10	14
11.	4	8	6	12	10	20	?	16	18	40	36	~~22~~
12.	66	68	34	36	18	20	?	16	14	12	~~10~~	8
13.	2	4	7	11	16	22	?	23	~~29~~	31	26	20
14.	7	14	8	16	9	18	?	11	20	32	24	~~10~~
15.	34	32	29	25	20	14	?	9	10	~~7~~	6	8
16.	14	18	22	26	30	34	?	32	~~38~~	40	36	35
17.	14	11	18	15	22	19	?	17	20	24	~~26~~	30
18.	1	2	4	8	16	32	?	38	60	48	~~64~~	72
19.	4	16	8	32	16	64	?	18	128	~~32~~	24	20
20.	12	14	28	30	60	62	?	64	~~124~~	90	82	72

11. Auswertung und Interpretation

11.1 Ermittlung der Normwerte

Die Rohwerte der einzelnen Aufgabenarten sind in die Tabelle auf dem Deckblatt zu übertragen und zum Gesamttestwert zu addieren. Die Aufgaben werden grundsätzlich mit 1 oder 0 Punkten bewertet. Die Leistung eines Schülers kann anhand der Normentabelle beurteilt und interpretiert werden. Die entsprechenden Prozentränge bzw. T-Werte können in den Tabellen von Seite 126 bis Seite 141 für den Gesamtwert und die Untertestwerte abgelesen werden. Jedes Messverfahren hat eine gewisse Messungenauigkeit. Auf Vertrauensintervalle wurde bewusst verzichtet, da Lehrkräfte ohne diagnostische Kenntnisse nur verunsichert würden. Das Ergebnis soll als Screeningverfahren erste Hinweise auf die Leistung eines Schülers geben.

11.2 Auswertung

Die Auswertung wird an einem Fallbeispiel aufgezeigt.
Mike zeigte große Probleme in Deutsch (Note 5) und in Mathematik (Note 5). Im Prüfsystem für Schul- und Bildungsberatung für 4. bis 6. Klassen (PSB-R 4–6) erreichte er im Intelligenzbereich durchschnittliche Ergebnisse (PR 65). Aus den T-Werten der Untertests wird der Mittelwert (mT) für die Grundrechnungsarten festgestellt (4. Klasse, Q4):

Die Rohwerte: AD = 31 SU = 28 MU = 23 DIV = 17 und ZF = 15

mT = (AD + SU + MU + DIV) : 4

mT = (52 + 48 + 41 + 38) : 4 = 44,75

Für die Grundrechnungsarten ergibt sich folgendes Ergebnis: *T = 43 PR = 24*

Zahlenfolgen: *T = 54 PR = 66*

Die Grundrechnungsarten können auch einzeln oder nach AD + SU oder MU + DIV durch den entsprechenden Teiler interpretiert werden. So können die Stärken und Schwächen der einzelnen Rechenarten beurteilt werden und entsprechend gefördert werden.
Die Zahlenfolgen weisen auf die induktive Denkfähigkeit hin und wurden für das Gesamtergebnis nicht mit einbezogen.
Die Leistungen im Bereich grundlegender Rechenoperationen sind insgesamt unterdurchschnittlich (PR = 24). Multiplikation und Division beherrscht er nur unzureichend. Er verfügt über deutliche Stärken im Bereich des logischen Denkens. Die logische Verarbeitung von Zahlenfolgen gelingt gut mit einem Wert im oberen Durchschnittsbereich.
Im Hinblick auf seine schulische Entwicklung und Fördermaßnahmen sollten daher seine nichtsprachlich-logischen und gezielte Förderung im Bereich der Rechenoperationen angestrebt werden.

11.3 Rechenschwäche (Dyskalkulie)

Die Prozentrangwerte und die T-Werte für die Skalen der Grundrechnungsarten und für den Screening-Gesamtwert können zur Vermutung einer Rechenschwäche (Dyskalkulie) herangezogen werden. Dieses Screening kann allerdings nur den Verdacht einer Schwäche vermuten lassen. Zu einer genauen Diagnose sind Beratungsfachkräfte einzubeziehen. Prozentränge von über 25 (PR > 25) sind in der Regel als unauffällig zu betrachten, d.h. das Kind zeigt eine mindestens ausreichende Leistung. Der Bereich von PR = 10–25 ist als grenzwertig einzuordnen.
Hier ist meist von einer tendenziellen bis leichten Schwäche auszugehen und Förder- und Übungsmaßnahmen sind zu empfehlen. Bei Prozentrangwerten von PR = 14 oder darunter ist von einer deutlichen Schwäche mit entsprechend notwendigem Übungs- und Förderbedarf auszugehen.
Liegt der Prozentrangwert für die Skala der Grundrechnungsarten oder für die Skala Gesamtwert bei PR= 10 oder darunter, so liegt eine basale Rechenschwäche vor. Wenn gleichzeitig der IQ-Wert in einem Intelligenztest (als T-Wert umgerechnet) mehr als 12 T-Wertpunkte über dem T-Wert der Rechenleistung (Skala Grundrechnungsarten oder Skala Ges) liegt (T-Wert IQ minus T-Wert Screening > 12), ist nach den Kriterien der Leitlinien zu Diagnostik und Therapie von psychischen Störungen der Deutschen Gesellschaft für Kinder und Jugendpsychiatrie von einer spezifischen Rechenschwäche oder Dyskalkulie auszugehen.

12. Normentabellen

Normentabellen für Addition: Ende der 1. Klasse bis Ende der 2. Klasse

RW = Rohwert Q = Quartal Q1 = Oktober – Dezember Q3 = März/April
PR = Prozentrang Q2 = Januar/Februar Q4 = Mai – Juli

	1.Kl.	Q4	2.Kl.	Q1	2.Kl.	Q2	2.Kl.	Q3	2.Kl.	Q4	
RW	*PR*	*T-Wert*	*PR*	*T-Wert*	*PR*	*T-Wert*	*PR*	*T-Wert*	*PR*	*T-Wert*	*RW*
0											*0*
1											*1*
2	<1	<26									*2*
3	1	27									*3*
4	1,5	28	<1	<26							*4*
5	2	29	1	27	<1	<26					*5*
6	2,5	30	2	29	1	27	<1	<26	<1	<26	*6*
7	4	33	3	31	2	29	1	27	1	27	*7*
8	5	34	4	33	3	31	2	29	1,5	28	*8*
9	8	36	6	34	4	33	3	31	2	29	*9*
10	12	38	8	36	5	34	4	33	2,5	30	*10*
11	16	40	12	38	8	36	5	34	4	33	*11*
12	21	42	16	40	12	38	8	36	5	34	*12*
13	27	44	20	42	15	40	10	37	7	35	*13*
14	38	47	28	44	20	42	13	39	8	36	*14*
15	46	49	35	46	26	44	18	41	12	38	*15*
16	54	51	43	48	33	46	23	43	16	40	*16*
17	62	53	50	50	38	47	27	44	18	41	*17*
18	73	56	61	53	48	49	35	46	24	43	*18*
19	79	58	68	44	56	52	43	48	31	45	*19*
20	86	61	77	58	66	54	52	51	38	47	*20*
21	92	64	85	60	74	56	61	53	46	49	*21*
22	96	67	90	63	82	59	69	55	54	51	*22*
23	97,5	70	95	66	88	62	79	58	66	54	*23*
24	98	71	96	67	91	64	84	60	73	56	*24*
25	98,5	72	97	69	93	65	87	61	79	58	*25*
26	99,2	74	98	71	96	67	92	64	86	61	*26*
27	99,5	76	99	73	97	69	95	66	90	63	*27*
28	99,7	78	99,4	75	99	73	97	69	95	66	*28*
29	99,9	80	99,8	79	99,4	75	98	71	96	67	*29*
30			99,9	80	99,7	79	99.2	74	98	71	*30*
31					99,9	80	99,6	77	99	73	*31*
32							99,9	80	99,4	75	*32*
33							99,9	80	99,7	78	*33*
34									99,7	78	*34*
35									99,8	79	*35*
36									99,8	79	*36*
37									99,9	80	*37*
38											*38*
39											*39*
40											*40*

Tabelle 1

Normentabellen für Subtraktion: Ende der 1. Klasse bis Ende der 2. Klasse

RW = Rohwert | Q = Quartal | Q1 = Oktober – Dezember | Q3 = März/April
PR = Prozentrang | Q2 = Januar/Februar | Q4 = Mai – Juli

	1.Kl.	Q4	2.Kl.	Q1	2.Kl.	Q2	2.Kl.	Q3	2.Kl.	Q4	
RW	PR	T-Wert	PR	T-Wert	PR	T-Wert	PR	T-Wert	PR	T-Wert	RW
0											0
1											1
2	1	27									2
3	2	29	1	27							3
4	2,5	30	1,5	28	1	27					4
5	3	31	2	29	1,5	28	1	27			5
6	4	33	3	31	3	31	2	29	1	27	6
7	7	35	5	34	4	33	3	31	2	29	7
8	10	37	7	35	5	34	4	33	3	31	8
9	14	39	10	37	7	35	5	34	4	33	9
10	21	42	16	40	12	38	8	36	5	34	10
11	27	44	20	42	15	40	10	37	7	35	11
12	38	47	29	44	21	42	15	40	10	37	12
13	46	49	36	46	27	44	20	42	14	39	13
14	54	51	43	48	33	46	23	43	16	40	14
15	66	54	54	51	42	48	31	45	21	42	15
16	73	56	62	53	50	50	38	47	27	44	16
17	79	58	69	55	58	52	46	49	34	46	17
18	84	60	75	57	64	54	51	50	38	47	18
19	86	61	79	58	69	55	58	52	46	49	19
20	90	63	84	60	76	57	66	54	54	51	20
21	93	65	88	62	80	58	70	55	58	52	21
22	96	67	92	64	85	60	77	57	66	54	22
23	96	67	93	66	88	62	82	59	73	56	23
24	97	69	95	67	91	64	86	61	79	58	24
25	98	71	96	69	93	65	88	62	82	59	25
26	99	73	98	71	96	67	92	64	86	61	26
27	99,5	76	98,5	72	97	69	94	66	90	63	27
28	99,7	78	99	73	98	71	96	67	93	65	28
29	99,9	80	99,6	77	99,2	74	98	71	96	67	29
30			99,9	80	99,6	77	99	73	97	69	30
31			99,9	80	99,8	79	99,5	76	99	73	31
32					99,9	80	99,9	80	99,5	76	32
33							99,9	80	99,8	79	33
34									99,9	80	34
35									99,9	80	35
36											36
37											37
38											38
39											39
40											40

Tabelle 2

Normentabellen für Multiplikation: Ende der 2. Klasse

RW = Rohwert PR = Prozentrang

	2.Kl.	Q4
RW	*PR*	*T-Wert*
0		
1		
2		
3	< 1	< 26
4	1	27
5	1,5	28
6	2	29
7	4	33
8	5	34
9	8	36
10	10	37
11	16	40
12	21	42
13	31	45
14	38	47
15	50	50
16	58	52
17	69	55
18	79	58
19	84	60
20	88	62
21	90	63
22	92	64
23	93	65
24	96	67
25	97	69
26	98	71
27	99,2	74
28	99,7	78
29	99,8	79
30	99,9	80
31	99,9	80
32	99,9	80
33		
34		
35		
36		
37		
38		
39		
40		

Tabelle 3

Normentabellen für Division: Ende der 2. Klasse

Q = Quartal Q4 = Mai – Juli

2.Kl.	Q4	
PR	*T-Wert*	RW
		0
2	29	*1*
3	31	*2*
5	34	*3*
8	36	*4*
10	37	*5*
14	39	*6*
18	41	*7*
21	42	*8*
27	44	*9*
34	46	*10*
38	47	*11*
46	49	*12*
54	51	*13*
58	52	*14*
66	54	*15*
69	55	*16*
73	56	*17*
76	57	*18*
82	59	*19*
86	61	*20*
88	62	*21*
92	64	*22*
93	63	*23*
95	66	*24*
96	67	*25*
97	69	*26*
99	73	*27*
99,4	75	*28*
99,7	78	*29*
99,8	79	*30*
99,9	80	*31*
99,9	80	*32*
99,9	80	*33*
		34
		35
		36
		37
		38
		39
		40

Normentabellen für Zahlenfolgen: Ende der 1. Klasse bis Ende der 2. Klasse

RW = Rohwert Q = Quartal Q1 = Oktober – Dezember Q3 = März/April
PR = Prozentrang Q2 = Januar/Februar Q4 = Mai – Juli

	1.Kl.	Q4	2.Kl.	Q1	2.Kl.	Q2	2.Kl.	Q3	2.Kl.	Q4	
RW	*PR*	*T-Wert*	*PR*	*T-Wert*	*PR*	*T-Wert*	*PR*	*T-Wert*	*PR*	*T-Wert*	RW
0	2	29	1	27	1	27	1	27	0,8	26	*0*
1	7	35	5	34	4	33	4	33	3	31	*1*
2	12	38	9	36	7	35	6	34	4	33	*2*
3	16	40	13	39	10	37	7	35	5	34	*3*
4	21	42	17	40	14	39	10	37	8	36	*4*
5	27	44	22	42	17	41	13	39	10	37	*5*
6	34	46	27	44	21	42	16	40	12	38	*6*
7	42	48	34	46	27	44	18	41	14	39	*7*
8	54	51	44	49	34	46	27	43	18	41	*8*
9	66	54	56	52	46	49	38	47	27	44	*9*
10	76	57	66	54	56	52	46	49	34	46	*10*
11	86	61	80	58	71	56	62	54	50	50	*11*
12	93	65	88	62	82	59	73	56	62	53	*12*
13	98	71	95	67	91	64	86	61	76	57	*13*
14	99,2	74	99	73	97	69	95	66	88	62	*14*
15	99,5	76	99,6	77	99,2	74	98	71	96	67	*15*
16	99,9	80	99,9	80	99,6	77	99	73	98	71	*16*
17			99,9	80	99,8	79	99,5	76	99	73	*17*
18					99,9	80	99,8	79	99,5	76	*18*
19							99,9	80	99,8	79	*19*
20									100	80	*20*

Tabelle 4

Normentabellen für Zahlenfolgen: 3. Klasse

RW = Rohwert Q = Quartal Q1 = Oktober – Dezember Q3 = März/April
PR = Prozentrang Q2 = Januar/Februar Q4 = Mai – Juli

	3.Kl.	Q1	3.Kl.	Q2	3.Kl.	Q3	3.Kl.	Q4	
RW	*PR*	*T-Wert*	*PR*	*T-Wert*	*PR*	*T-Wert*	*PR*	*T-Wert*	*RW*
0									*0*
1	2	29	2	29	2	29	1	27	*1*
2	4	33	3	31	3	31	2	29	*2*
3	5	34	4	33	4	33	3,5	32	*3*
4	7	35	6	34	5	34	4	33	*4*
5	8	36	7	35	6	35	5	34	*5*
6	10	37	9	36	8	36	7	35	*6*
7	12	38	11	37	9	37	8	36	*7*
8	16	40	14	39	12	38	10	37	*8*
9	23	43	20	42	16	40	14	39	*9*
10	29	45	24	43	20	42	16	40	*10*
11	42	48	34	46	27	44	21	42	*11*
12	55	51	48	49	41	48	34	46	*12*
13	70	55	64	54	57	52	50	50	*13*
14	85	61	80	58	75	57	69	55	*14*
15	94	65	91	63	88	62	84	60	*15*
16	97	69	96	67	95	66	93	65	*16*
17	99,2	74	99	73	99	73	98	71	*17*
18	99,9	80	99,2	74	99,9	80	99,8	79	*18*
19			99,9	80	99,9	80	99,9	80	*19*
20									*20*

Tabelle 5

Normentabellen für Addition: 3. Klasse

RW = Rohwert Q = Quartal Q1 = Oktober – Dezember Q3 = März/April
PR = Prozentrang Q2 = Januar/Februar Q4 = Mai – Juli

	3.Kl.	Q1	3.Kl.	Q2	3.Kl.	Q3	3.Kl.	Q4	
RW	*PR*	*T-Wert*	*PR*	*T-Wert*	*PR*	*T-Wert*	*PR*	*T-Wert*	RW
0									*0*
1									*1*
2									*2*
3									*3*
4									*4*
5									*5*
6									*6*
7									*7*
8									*8*
9	1	27							*9*
10	2	29	1	27	< 1	26			*10*
11	3	31	2	29	1	27			*11*
12	4	33	3	31	2	29	< 1	26	*12*
13	4	33	3,5	32	2	29	1	27	*13*
14	5	34	4	33	2,5	30	1,5	28	*14*
15	8	36	5	34	4	33	2	29	*15*
16	11	38	8	36	5	34	3	31	*16*
17	13	39	9	37	6	35	3,5	32	*17*
18	16	40	12	38	8	36	4	33	*18*
19	22	42	15	40	9	37	5	34	*19*
20	28	44	20	42	13	39	8	36	*20*
21	35	46	26	44	18	41	12	38	*21*
22	43	48	33	46	23	43	16	40	*22*
23	54	51	42	48	31	45	21	42	*23*
24	61	53	50	50	38	47	24	44	*24*
25	68	55	56	52	46	49	34	46	*25*
26	77	57	66	54	55	51	42	48	*26*
27	85	60	74	56	63	53	50	50	*27*
28	90	63	82	59	73	56	62	53	*28*
29	93	65	88	62	80	58	69	55	*29*
30	95	66	91	64	85	61	76	57	*30*
31	97	69	94	65	89	63	82	59	*31*
32	99	73	97	69	95	66	88	62	*32*
33	99,2	74	98	71	97	69	92	64	*33*
34	99,4	75	99	73	98	71	96	67	*34*
35	99,6	77	99,2	74	99	73	98	71	*35*
36	99,7	78	99,4	75	99,2	74	99	73	*36*
37	99,9	80	99,8	79	99,6	77	99,4	75	*37*
38			99,9	80	99,9	80	99,8	79	*38*
39					99,9	80	99,9	80	*39*
40							100	80	*40*

Tabelle 6

Normentabellen für Subtraktion: 3. Klasse

RW = Rohwert
PR = Prozentrang
Q = Quartal
Q1 = Oktober – Dezember
Q2 = Januar/Februar
Q3 = März/April
Q4 = Mai – Juli

	3.Kl.	Q1	3.Kl.	Q	3.Kl.	Q3	3.Kl.	Q4	
RW	*PR*	*T-Wert*	*PR*	*T-Wert*	*PR*	*T-Wert*	*PR*	*T-Wert*	RW
0									*0*
1									*1*
2									*2*
3									*3*
4									*4*
5									*5*
6	1	27							*6*
7	1,5	28	1	27	< 1	26			*7*
8	2	29	2	29	1	27	< 1	26	*8*
9	3	31	2,5	30	1,5	28	1	27	*9*
10	4	33	3	31	2	29	1,5	28	*10*
11	5	34	4	33	3	30	2	29	*11*
12	7	35	5	34	3,5	31	2,5	30	*12*
13	10	37	7	35	4	33	3	31	*13*
14	12	38	9	37	6	35	4	33	*14*
15	16	40	12	38	8	36	5	34	*15*
16	22	42	16	40	12	38	8	36	*16*
17	28	44	20	42	16	40	12	38	*17*
18	31	45	24	43	18	41	14	39	*18*
19	38	47	31	45	23	43	18	41	*19*
20	45	49	36	47	28	44	21	42	*20*
21	49	50	40	48	31	45	24	43	*21*
22	57	52	48	50	38	47	31	45	*22*
23	65	54	56	52	46	49	38	47	*23*
24	71	55	62	53	52	51	42	48	*24*
25	75	57	66	54	59	52	50	50	*25*
26	80	58	74	56	63	53	54	51	*26*
27	85	60	79	58	73	56	62	53	*27*
28	90	63	84	60	77	58	69	55	*28*
29	93	65	88	62	83	59	76	57	*29*
30	95	66	91	64	87	61	82	59	*30*
31	97	69	95	66	92	64	86	61	*31*
32	99	73	97	69	95	66	90	63	*32*
33	99,5	76	99	73	97	69	95	66	*33*
34	99,6	77	99,2	74	99	73	97	69	*34*
35	99,8	79	99,5	76	99,2	74	98	71	*35*
36	99,9	80	99,8	79	99,6	77	99	73	*36*
37			99,9	80	99,9	80	99,2	74	*37*
38					99,9	80	99,8	79	*38*
39							99,9	80	*39*
40									*40*

Tabelle 7

Normentabellen für Multiplikation: 3. Klasse

RW = Rohwert　　Q = Quartal　　Q1 = Oktober – Dezember　　Q3 = März/April
PR = Prozentrang　　Q2 = Januar/Februar　　Q4 = Mai – Juli

	3.Kl.	Q1	3.Kl.	Q2	3.Kl.	Q3	3.Kl.	Q4	
RW	*PR*	*T-Wert*	*PR*	*T-Wert*	*PR*	*T-Wert*	*PR*	*T-Wert*	RW
0									*0*
1									*1*
2									*2*
3									*3*
4									*4*
5	1	27	1	27	1	27			*5*
6	2	29	2	29	1,5	28	1	27	*6*
7	3	31	2,5	30	2	29	1,5	28	*7*
8	4	33	4	33	3	31	2	29	*8*
9	5	34	5	34	4	33	3	31	*9*
10	7	35	6	35	5	34	3,5	32	*10*
11	12	38	9	37	6	35	4	33	*11*
12	16	40	12	38	8	36	5	34	*12*
13	22	42	17	41	12	38	8	36	*13*
14	28	44	20	42	16	40	10	37	*14*
15	38	47	29	45	20	42	14	39	*15*
16	45	49	36	47	28	44	18	41	*16*
17	57	52	46	49	34	46	24	43	*17*
18	67	54	54	51	40	48	27	44	*18*
19	75	57	62	53	48	50	34	46	*19*
20	80	58	66	54	59	52	42	48	*20*
21	83	59	74	56	63	53	46	49	*21*
22	85	60	76	57	64	54	50	50	*22*
23	88	62	79	58	70	55	58	52	*23*
24	90	63	84	60	73	56	62	53	*24*
25	93	65	88	62	80	58	69	55	*25*
26	95	66	91	64	83	60	76	57	*26*
27	98	71	95	66	92	64	84	60	*27*
28	99	73	98	71	95	66	88	62	*28*
29	99,4	75	99	73	97	69	93	65	*29*
30	99,5	76	99,2	74	98	71	95	66	*30*
31	99,8	79	99,5	76	99	73	98	71	*31*
32	99,9	80	99,7	78	99,4	75	99	73	*32*
33	99,9	80	99,9	80	99,8	79	99,7	78	*33*
34	99,9	80	99,9	80	99,9	80	99,8	79	*34*
35					99,9	80	99,9	80	*35*
36							99,9	80	*36*
37									*37*
38									*38*
39									*39*
40									*40*

Tabelle 8

Normentabellen für Division: 3. Klasse

RW = Rohwert   Q = Quartal   Q1 = Oktober – Dezember   Q3 = März/April
PR = Prozentrang   Q2 = Januar/Februar   Q4 = Mai – Juli

	3.Kl.	Q1	3.Kl.	Q2	3.Kl.	Q3	3.Kl.	Q4	
RW	*PR*	*T-Wert*	*PR*	*T-Wert*	*PR*	*T-Wert*	*PR*	*T-Wert*	RW
0									*0*
1	1	27							*1*
2	2	29	1,5	28					*2*
3	4	33	3	31	2,5	30	1,5	28	*3*
4	6	35	4	33	3	31	2,5	30	*4*
5	8	36	6	35	4	33	3,5	32	*5*
6	12	38	8	36	6	35	4	33	*6*
7	16	40	12	38	9	37	7	35	*7*
8	17	41	14	39	12	38	8	36	*8*
9	22	42	17	41	13	39	10	37	*9*
10	27	44	21	42	16	40	12	38	*10*
11	31	45	24	43	18	41	14	39	*11*
12	38	47	29	45	21	42	16	40	*12*
13	45	49	34	46	27	44	18	41	*13*
14	49	50	38	47	29	45	21	42	*14*
15	54	51	45	49	34	46	24	43	*15*
16	58	52	48	50	37	47	27	44	*16*
17	62	53	53	51	40	48	31	45	*17*
18	66	54	57	52	46	49	34	46	*18*
19	73	56	62	53	50	50	38	47	*19*
20	79	58	68	55	58	52	46	49	*20*
21	82	59	73	56	62	53	50	50	*21*
22	86	61	76	57	65	54	54	51	*22*
23	88	62	79	58	70	55	58	52	*23*
24	90	63	84	60	73	56	62	53	*24*
25	93	65	86	61	76	57	66	54	*25*
26	95	66	88	62	80	58	69	55	*26*
27	97	69	93	65	86	61	76	57	*27*
28	98	71	96	67	90	63	82	59	*28*
29	99	73	97	69	93	65	88	62	*29*
30	99,5	76	99	73	97	69	93	65	*30*
31	99,8	79	99,5	76	99	73	97	69	*31*
32	99,9	80	99,7	78	99,4	75	99	73	*32*
33	99,9	80	99,9	80	99,7	78	99,4	75	*33*
34	99,9	80	99,9	80	99,9	80	99,8	79	*34*
35					99,9	80	99,9	80	*35*
36							99,9	80	*36*
37									*37*
38									*38*
39									*39*
40									*40*

Tabelle 9

Normentabellen für Addition: 4. Klasse

RW = Rohwert Q = Quartal Q1 = Oktober – Dezember Q3 = März/April
PR = Prozentrang Q2 = Januar/Februar Q4 = Mai – Juli

	4.Kl.	Q1	4.Kl.	Q2	4.Kl.	Q3	4.Kl.	Q4	
RW	*PR*	*T-Wert*	*PR*	*T-Wert*	*PR*	*T-Wert*	*PR*	*T-Wert*	*RW*
0									*0*
1									*1*
2									*2*
3									*3*
4									*4*
5									*5*
6									*6*
7									*7*
8									*8*
9									*9*
10									*10*
11	< 1	< 26							*11*
12	1	27							*12*
13	1	27	< 1	< 26					*13*
14	1,5	28	1	27	< 1	< 26			*14*
15	2	29	1,5	28	1	27	< 1	< 26	*15*
16	2,5	30	2	29	1,5	28	1	27	*16*
17	3	31	2,5	30	1,5	28	1	27	*17*
18	3,5	32	3	31	2	29	1,5	28	*18*
19	4	33	3,5	32	2,5	30	2	29	*19*
20	5	34	4	33	3	31	2,5	30	*20*
21	8	36	6	35	4	33	3	31	*21*
22	12	38	9	37	6	35	4	33	*22*
23	16	40	13	39	9	37	7	35	*23*
24	22	42	16	40	13	39	10	37	*24*
25	28	44	23	43	18	41	14	39	*25*
26	35	46	29	45	23	43	18	41	*26*
27	43	48	35	46	31	45	24	44	*27*
28	54	51	46	49	38	47	31	45	*28*
29	61	53	54	51	46	49	38	47	*29*
30	68	55	62	53	55	51	46	49	*30*
31	77	57	72	56	64	53	58	52	*31*
32	84	60	79	58	73	56	66	54	*32*
33	89	63	84	60	80	58	76	57	*33*
34	94	65	91	64	89	63	86	61	*34*
35	97	69	96	67	95	66	92	64	*35*
36	98	71	97	69	97	69	96	67	*36*
37	99	73	98	71	98	71	97	69	*37*
38	99,6	77	99,4	75	99	73	98	71	*38*
39	99,8	79	99,8	79	99,6	77	99,2	74	*39*
40	100	80	100	80	100	80	100	80	*40*

Tabelle10

Normentabellen für Subtraktion: 4. Klasse

RW = Rohwert Q = Quartal Q1 = Oktober – Dezember Q3 = März/April
PR = Prozentrang Q2 = Januar/Februar Q4 = Mai – Juli

	4.Kl.	Q1		4.Kl.	Q2		4.Kl.	Q3		4.Kl.	Q4	
RW	*PR*	*T-Wert*		*PR*	*T-Wert*		*PR*	*T-Wert*		*PR*	*T-Wert*	*RW*
0												*0*
1												*1*
2												*2*
3												*3*
4												*4*
5												*5*
6												*6*
7												*7*
8												*8*
9	< 1	< 26										*9*
10	1	27		< 1	< 26							*10*
11	1,5	28		1	27		< 1	< 26				*11*
12	2	29		1,5	28		1	27		< 1	< 26	*12*
13	2,5	30		2,5	30		2	29		1,5	28	*13*
14	3,5	32		3	31		2,5	30		2	29	*14*
15	4	33		4	33		3	31		2,5	30	*15*
16	7	35		5	34		4	33		3,5	32	*16*
17	9	37		7	35		6	35		4	33	*17*
18	12	38		10	37		8	36		7	35	*18*
19	15	40		13	39		10	37		8	36	*19*
20	18	41		15	40		12	38		10	37	*20*
21	20	42		17	41		14	39		12	38	*21*
22	26	44		20	42		18	41		14	39	*22*
23	33	46		27	44		23	43		18	41	*23*
24	36	47		31	45		26	44		21	42	*24*
25	45	49		36	47		33	46		27	44	*25*
26	49	50		41	48		36	47		31	45	*26*
27	55	51		48	50		41	48		34	46	*27*
28	63	53		56	52		49	50		42	48	*28*
29	71	55		66	54		58	52		50	50	*29*
30	76	57		71	56		65	54		58	52	*30*
31	82	59		77	57		72	56		66	54	*31*
32	88	62		84	60		80	58		76	57	*32*
33	93	65		90	63		86	61		84	60	*33*
34	95	66		95	66		92	64		88	62	*34*
35	97	69		96	67		93	65		92	64	*35*
36	99	73		98	71		97	69		96	67	*36*
37	99,6	77		99,2	74		99	73		98	71	*37*
38	99,9	80		99,8	79		99,6	77		99,2	74	*38*
39				99,9	80		99,9	80		99,7	78	*39*
40							99,9	80		99,9	80	*40*

Tabelle 11

Normentabellen für Multiplikation: 4. Klasse

RW = Rohwert
PR = Prozentrang

Q = Quartal

Q1 = Oktober – Dezember
Q2 = Januar/Februar

Q3 = März/April
Q4 = Mai – Juli

	4.Kl.	Q 1	4.Kl.	Q 2	4.Kl.	Q 3	4.Kl.	Q 4	
RW	*PR*	*T-Wert*	*PR*	*T-Wert*	*PR*	*T-Wert*	*PR*	*T-Wert*	*RW*
0									*0*
1									*1*
2									*2*
3									*3*
4									*4*
5									*5*
6	< 1	< 26							*6*
7	1	27	< 1	< 26					*7*
8	2	29	1	27	< 1	< 26			*8*
9	2,5	30	2	29	1	27	< 1	< 26	*9*
10	3	31	2,5	30	1,5	28	1	27	*10*
11	3	32	3	31	2	29	1,5	28	*11*
12	4	33	3,5	32	2,5	30	1,5	28	*12*
13	6	34	4	33	3	31	2	29	*13*
14	7	35	5	34	3,5	32	2,5	30	*14*
15	10	37	6	35	5	34	3,5	32	*15*
16	14	39	9	37	6	35	4	33	*16*
17	18	41	13	39	8	36	5	34	*17*
18	20	42	15	40	10	37	7	35	*18*
19	26	44	18	41	12	38	8	36	*19*
20	32	45	23	43	16	40	10	37	*20*
21	35	46	26	44	18	41	12	38	*21*
22	40	48	31	45	23	43	16	40	*22*
23	47	49	36	47	28	44	18	41	*23*
24	52	51	42	48	34	46	24	43	*24*
25	59	52	48	50	37	47	27	44	*25*
26	66	54	54	51	45	49	34	46	*26*
27	76	57	66	54	54	51	42	48	*27*
28	82	59	74	56	63	53	50	50	*28*
29	88	62	79	58	70	55	58	52	*29*
30	93	65	86	61	77	58	66	54	*30*
31	95	66	91	64	83	60	76	57	*31*
32	98	71	95	66	92	64	86	61	*32*
33	99,2	74	98	71	96	67	93	65	*33*
34	99,5	76	99,2	74	98	71	96	67	*34*
35	99,8	79	99,5	77	99	73	98	71	*35*
36	99,9	80	99,7	78	99,4	75	99	73	*36*
37			99,9	80	99,8	79	99,5	76	*37*
38					99,9	80	99,7	78	*38*
39							99,9	80	*39*
40									*40*

Tabelle 12

Normentabellen für Division: 4. Klasse

RW = Rohwert Q = Quartal Q1 = Oktober – Dezember Q3 = März/April
PR = Prozentrang Q2 = Januar/Februar Q4 = Mai – Juli

	4.Kl.	Q1	4.Kl.	Q2	4.Kl.	Q3	4.Kl.	Q4	
RW	*PR*	*T-Wert*	*PR*	*T-Wert*	*PR*	*T-Wert*	*PR*	*T-Wert*	*RW*
0									*0*
1									*1*
2	< 1	< 26							*2*
3	1	27	< 1	< 26					*3*
4	2	29	1,5	28	< 1	< 26			*4*
5	3	31	2	29	1,5	28	< 1	< 26	*5*
6	3,5	32	3	31	2	29	1,5	28	*6*
7	4	33	3,5	32	3	31	2	29	*7*
8	6	35	4	33	3,5	32	2,5	30	*8*
9	8	36	5	34	4	33	3	31	*9*
10	10	37	7	35	5	34	3,5	32	*10*
11	12	38	8	36	6	35	4	33	*11*
12	13	39	10	37	7	35	5	34	*12*
13	16	40	12	38	9	37	7	35	*13*
14	17	41	14	39	12	38	8	36	*14*
15	20	42	16	40	13	39	10	37	*15*
16	22	42	17	41	13	39	10	37	*16*
17	25	43	21	42	16	40	12	38	*17*
18	27	44	24	43	18	41	14	39	*18*
19	31	45	26	44	21	42	16	40	*19*
20	38	47	31	45	24	43	18	41	*20*
21	42	48	34	46	27	44	21	42	*21*
22	45	49	38	47	30	45	24	43	*22*
23	50	50	42	48	34	46	27	44	*23*
24	54	51	45	49	37	47	31	45	*24*
25	58	52	50	50	41	48	34	46	*25*
26	62	53	53	51	46	49	38	47	*26*
27	68	55	61	53	51	50	42	48	*27*
28	73	56	68	55	59	52	50	50	*28*
29	82	59	76	57	68	55	58	52	*29*
30	88	62	84	60	76	57	66	54	*30*
31	95	66	90	63	84	60	76	57	*31*
32	97	69	96	67	90	63	84	60	*32*
33	99	73	97	69	93	65	90	63	*33*
34	99,5	76	99	73	97	69	95	66	*34*
35	99,9	80	99,7	78	99	73	97	69	*35*
36	99,9	80	99,8	79	99,7	78	99	73	*36*
37			99,9	80	99,8	79	99,4	75	*37*
38					99,9	80	99,7	78	*38*
39							99,8	79	*39*
40							100	80	*40*

Tabelle 13

Normentabellen für Zahlenfolgen: 4. Klasse

RW = Rohwert | Q = Quartal | Q1 = Oktober – Dezember | Q3 = März/April
PR = Prozentrang | Q2 = Januar/Februar | Q4 = Mai – Juli

	4.Kl.	Q1	4.Kl.	Q2	4.Kl.	Q3	4.Kl.	Q4	
RW	*PR*	*T-Wert*	*PR*	*T-Wert*	*PR*	*T-Wert*	*PR*	*T-Wert*	*RW*
0	< 1	< 26	< 1	< 26					*0*
1	1	27	1	27	< 1	< 26	< 1	< 26	*1*
2	2,5	30	2	29	2	29	1,5	28	*2*
3	3,5	32	3	31	3	31	2,5	30	*3*
4	4	33	3,5	32	3,5	32	3	31	*4*
5	5	34	4	33	3,5	32	3	31	*5*
6	6	34	5	34	4	33	3,5	32	*6*
7	7	35	5	34	4	33	3,5	32	*7*
8	8	36	7	35	5	34	4	33	*8*
9	12	38	9	36	7	35	5	34	*9*
10	14	39	12	38	10	37	8	36	*10*
11	19	41	17	41	16	40	14	39	*11*
12	29	45	26	44	21	42	18	41	*12*
13	45	49	38	47	34	46	27	44	*13*
14	64	54	58	52	53	51	46	49	*14*
15	80	58	76	57	72	56	66	54	*15*
16	92	64	90	63	88	62	84	60	*16*
17	98	70	97	69	96	67	95	66	*17*
18	99,6	77	99,5	76	99,2	74	99	73	*18*
19	99,9	80	99,9	80	99,9	80	99,9	80	*19*
20					100	80	100	80	*20*

Tabelle 14

Normentabellen gesamt: Ende der 1. Klasse bis Ende der 2. Klasse (Q4 mit MU + DIV)

RW = Rohwert   Q = Quartal   Q1 = Oktober – Dezember   Q3 = März/April
PR = Prozentrang   Q2 = Januar/Februar   Q4 = Mai – Juli

	1.Kl.	Q4	2.Kl.	Q1	2.Kl.	Q2	2.Kl.	Q3	2.Kl.	Q4	
mT	*PR*	*T-Wert*	*PR*	*T-Wert*	*PR*	*T-Wert*	*PR*	*T-Wert*	*PR*	*T-Wert*	*mT*
30	0,8	26	0,8	26	1	27	1	27	1	27	*30*
31	1	27	1	27	1	27	1,5	28	1,5	28	*31*
32	1	27	1,5	28	2	29	2	29	2,5	30	*32*
33	1,5	28	2	29	2,5	30	2,5	30	3	31	*33*
34	2,5	30	2,5	30	3	31	3	31	3	31	*34*
35	3	31	3	31	3,5	32	3,5	32	3,5	32	*35*
36	3,5	32	3,5	32	4	33	4	33	4	33	*36*
37	5	34	5	34	5	34	5	34	5	34	*37*
38	7	35	7	35	7	35	7	35	7	35	*38*
39	10	37	10	37	10	37	10	37	10	37	*39*
40	12	38	12	38	12	38	12	38	12	38	*40*
41	13	39	13	39	13	39	13	39	13	39	*41*
42	16	40	16	40	16	40	16	40	16	40	*42*
43	21	42	21	42	21	42	18	41	18	41	*43*
44	24	43	24	43	24	43	21	42	21	42	*44*
45	27	44	27	44	27	44	24	43	24	43	*45*
46	31	45	31	45	31	45	31	45	31	45	*46*
47	38	47	38	47	38	47	34	46	34	46	*47*
48	42	48	42	48	42	48	38	47	38	47	*48*
49	46	49	46	49	46	49	46	49	46	49	*49*
50	50	50	50	50	50	50	50	50	50	50	*50*
51	54	51	54	51	54	51	54	51	54	51	*51*
52	58	52	58	52	62	53	62	53	62	53	*52*
53	62	53	62	53	66	54	66	54	66	54	*53*
54	69	55	69	55	73	56	72	56	72	56	*54*
55	73	56	73	56	76	57	76	57	76	57	*55*
56	76	57	76	57	79	58	79	58	79	58	*56*
57	82	59	82	59	82	59	82	59	82	59	*57*
58	84	60	84	60	84	60	84	60	84	60	*58*
59	86	61	86	61	86	61	86	61	86	61	*59*
60	88	62	88	62	88	62	88	62	88	62	*60*
61	90	63	90	63	92	64	92	64	92	64	*61*
62	92	64	92	64	93	65	93	65	93	65	*62*
63	93	65	93	65	95	66	95	66	95	66	*63*
64	95	66	95	66	96	67	96	67	96	67	*64*
65	96	67	96	67	96,5	68	96,5	68	96,5	68	*65*
66	96,5	68	96	68	97	69	97	69	97	69	*66*
67	97,5	70	97,5	70	97,5	70	97,5	70	97,5	70	*67*
68	98,5	72	98,5	72	98,5	72	98,5	72	98,5	72	*68*
69	99	73	99	73	99	73	99	73	99	73	*69*
70	99,4	75	99,4	75	99,5	76	99,5	76	99,5	76	*70*
71	99,6	77	99,6	77	99,7	78	99,7	78	99,7	78	*71*
72	99,6	77	99,6	77	99,7	78	99,7	78	99,7	78	*72*
73	99,7	78	99,7	78	99,8	79	99,8	79	99,8	79	*73*
74	99,7	78	99,7	78	99,8	79	99,8	79	99,8	79	*74*
75	99,8	79	99,8	79	99,9	80	99,9	80	99,9	80	*75*
76	99,9	80	99,9	80	99,9	80	99,9	80	99,9	80	*76*
77	99,9	80	99,9	80							*77*
78											*78*
79											*79*
80											*80*

Tabelle 15

Normentabellen gesamt: 3. Klasse

RW = Rohwert Q = Quartal Q1 = Oktober – Dezember Q3 = März/April
PR = Prozentrang Q2 = Januar/Februar Q4 = Mai – Juli

	3.Kl.	Q1	3.Kl.	Q2	3.Kl.	Q3	3.Kl.	Q4	
mT	*PR*	*T-Wert*	*PR*	*T-Wert*	*PR*	*T-Wert*	*PR*	*T-Wert*	*mT*
29	1	27	1	27	1	27	1	27	*29*
30	1	27	1,5	28	1,5	28	1,5	28	*30*
31	1,5	28	2	29	2	29	2	29	*31*
32	2,5	30	2,5	30	2,5	30	2,5	30	*32*
33	3	31	3	31	2,5	30	2,5	30	*33*
34	3	31	3	31	3	31	3	31	*34*
35	3,5	32	3,5	32	3,5	32	3,5	32	*35*
36	4	33	4	33	4	33	4	33	*36*
37	5	34	5	34	5	34	5	34	*37*
38	7	35	7	35	7	35	7	35	*38*
39	10	37	10	37	10	37	10	37	*39*
40	12	38	12	38	12	38	12	38	*40*
41	13	39	13	39	13	39	13	39	*41*
42	16	40	16	40	16	40	16	40	*42*
43	18	41	21	42	18	41	18	41	*43*
44	21	42	24	43	21	42	21	42	*44*
45	23	43	27	44	24	43	24	43	*45*
46	31	45	31	45	31	45	31	45	*46*
47	34	46	38	47	34	46	34	46	*47*
48	38	47	42	48	40	48	40	48	*48*
49	46	49	46	49	46	49	46	49	*49*
50	50	50	50	50	50	50	50	50	*50*
51	54	51	54	51	54	51	54	51	*51*
52	62	53	62	53	62	53	62	53	*52*
53	66	54	66	54	66	54	66	54	*53*
54	73	56	73	56	69	55	69	55	*54*
55	76	57	76	57	73	56	76	57	*55*
56	79	58	79	58	76	57	76	57	*56*
57	82	59	82	59	79	58	79	58	*57*
58	84	60	84	60	84	60	84	60	*58*
59	86	61	86	61	86	61	86	61	*59*
60	88	62	88	62	88	62	88	62	*60*
61	92	64	92	64	90	63	90	63	*61*
62	93	65	93	65	92	64	92	64	*62*
63	95	66	95	66	95	66	95	66	*63*
64	96	67	96	67	96	67	96	67	*64*
65	96	68	96,5	68	96,5	68	96,5	68	*65*
66	97	69	97	69	97	69	97	69	*66*
67	98	71	97,5	70	97,5	70	97,5	70	*67*
68	98,5	72	98,5	72	98,5	72	98,5	72	*68*
69	99	73	99	73	99	73	99	73	*69*
70	99,4	75	99,2	74	99,2	74	99,2	74	*70*
71	99,6	77	99,5	76	99,5	76	99,4	75	*71*
72	99,6	77	99,5	76	99,5	76	99,4	75	*72*
73	99,7	78	99,7	78	99,6	77	99,6	77	*73*
74	99,8	79	99,7	78	99,7	78	99,7	78	*74*
75	99,9	80	99,9	80	99,8	79	99,8	79	*75*
76	99,9	80	99,9	80	99,9	80	99,9	80	*76*
77	99,9	80	99,9	80	99,9	80	99,9	80	*77*
78	99,9	80	99,9	80	99,9	80	99,9	80	*78*
79	99,9	80	99,9	80					*79*
80									*80*

Tabelle 16

Normentabellen gesamt: 4. Klasse

RW = Rohwert | Q = Quartal | Q1 = Oktober – Dezember | Q3 = März/April

PR = Prozentrang | Q2 = Januar/Februar | Q4 = Mai – Juli

	4.Kl.	Q1	4.Kl.	Q2	4.Kl.	Q3	4.Kl.	Q4	
mT	PR	T-Wert	PR	T-Wert	PR	T-Wert	PR	T-Wert	*mT*
28	0,8	26	1	27	1	27	1	27	*28*
29	1	27	1	27	1	27	1	27	*29*
30	1,5	28	1,5	28	1,5	28	1,5	28	*30*
31	2	29	2	29	1,5	28	1,5	28	*31*
32	2,5	30	2,5	30	2,5	30	2,5	30	*32*
33	2,5	30	2,5	30	2,5	30	2,5	30	*33*
34	3	31	3	31	3	31	3	31	*34*
35	3,5	32	3,5	32	3,5	32	3,5	32	*35*
36	4	33	4	33	4	33	4	33	*36*
37	5	34	5	34	5	34	5	34	*37*
38	7	35	7	35	7	35	7	35	*38*
39	10	37	10	37	8	36	8	36	*39*
40	12	38	12	38	10	37	10	37	*40*
41	13	39	13	39	13	39	13	39	*41*
42	16	40	16	40	16	40	16	40	*42*
43	18	41	21	42	18	41	18	41	*43*
44	21	42	24	43	21	42	21	42	*44*
45	23	43	27	44	24	43	24	43	*45*
46	31	45	31	45	31	45	31	45	*46*
47	34	46	38	47	38	46	34	46	*47*
48	42	48	42	48	39	47	39	47	*48*
49	46	49	46	49	46	49	46	49	*49*
50	50	50	50	50	50	50	50	50	*50*
51	54	51	54	51	54	51	54	51	*51*
52	62	53	62	53	62	53	62	53	*52*
53	66	54	66	54	66	54	66	54	*53*
54	73	56	73	56	69	55	69	55	*54*
55	76	57	76	57	73	56	76	57	*55*
56	79	58	79	58	76	57	76	57	*56*
57	82	59	82	59	79	58	79	58	*57*
58	84	60	84	60	84	60	84	60	*58*
59	86	61	86	61	86	61	86	61	*59*
60	88	62	88	62	88	62	88	62	*60*
61	90	63	92	64	92	64	92	64	*61*
62	92	64	93	65	93	65	93	65	*62*
63	95	66	95	66	95	66	95	66	*63*
64	96	67	96	67	96	67	96	67	*64*
65	96,5	68	96,5	68	96,5	68	96,5	68	*65*
66	97	69	97	69	97	69	97	69	*66*
67	97,5	70	98	71	98	71	98	71	*67*
68	98,5	72	98,5	72	98,5	72	98,5	72	*68*
69	99	73	99	73	99	73	99	73	*69*
70	99,5	76	99,4	75	99,4	75	99,2	74	*70*
71	99,6	77	99,6	77	99,5	76	99,4	75	*71*
72	99,7	78	99,6	77	99,6	77	99,5	76	*72*
73	99,7	78	99,7	78	99,6	77	99,6	77	*73*
74	99,8	79	99,7	78	99,7	78	99,6	77	*74*
75	99,8	79	99,8	79	99,8	78	99,7	78	*75*
76	99,9	80	99,9	80	99,8	79	99,7	78	*76*
77	99,9	80	99,9	80	99,9	80	99,8	79	*77*
78	99,9	80	99,9	80	99,9	80	99,9	80	*78*
79	99,9	80	99,9	80	99,9	80	99,9	80	*79*
80									*80*

Tabelle 17

7. Fragebogen zur Erfassung von Gefühlen und angemessenem sozialen Verhalten (12–16 Jahre)

1. Anwendungsmöglichkeiten

Mit diesem Verfahren können das Einfühlungsvermögen und das Sozialverhalten von Kindern und Jugendlichen erfasst werden. Der individuelle Wert kann Anhaltspunkte für eine konkrete Beratungsplanung geben. Als mögliche Anwendungsbereiche sind die Schulen sowie Schulberatungsdienste und Erziehungsberatungsstellen zu nennen.

2. Theoretischer Hintergrund

Der Empathie wird ein bedeutender Einfluss auf die Entstehung prosozialen Handelns beigemessen. Zudem soll Einfühlungsvermögen auch eine aggressionshemmende oder -mindernde Wirkung haben. Gerade verhaltensauffällige Jugendliche weisen häufig Störungen des Sozialverhaltens und eine erhöhte Bereitschaft zu aggressiven Handlungen auf.

Ziel eines Trainingsprogramms (z. B. Streitschlichter in Schulen) könnte es deshalb sein, die Empathiefähigkeit und somit auch das Sozialverhalten von Kindern und Jugendlichen zu verbessern. Dazu benötigt man jedoch geeignete Messinstrumente. Die häufig verwendeten Bildergeschichten zur Messung von Empathie sind wohl hauptsächlich für jüngere Kinder bestimmt. Zudem ist es fraglich, ob sie überhaupt geeignet sind. Aufgrund des Mangels an geeigneten ökonomischen Testverfahren wurde ein Fragebogen zur Erfassung von Empathie und angemessenem sozialem Verhalten entwickelt. In diesem Fragebogen wird Empathie als eher kognitive Fähigkeit (Rollenübernahmefähigkeit), die Gefühle, Perspektiven und Gedanken anderer Personen zu erkennen und zu verstehen, erfasst.

3. Konstruktion des Fragebogens

Die Stichprobe zur Bestimmung der Gütekriterien bestand aus 158 Schülern im Alter von 12 bis 16 Jahren (42 % Mädchen, 58 % Jungen). Bei der Analyse der einzelnen Items wurden die Trennschärfen und Schwierigkeitsindizes berechnet. Da dieses Verfahren auch von Lehrkräften eingesetzt werden soll, wird auf ausführliche testspezifische Erläuterungen verzichtet. In einer immer gewaltbereiteren Umwelt sollten Lehrkräfte möglichst schnell ein diagnostisches Hilfsmittel zur Verfügung haben, um die überlasteten Beratungsdienste zu unterstützen und damit diagnostische Vorarbeit zu leisten. Es geht dabei nicht mehr um fest umschriebene Testkompetenzen. Im Mittelpunkt steht das Wohl des Kindes bzw. Jugendlichen.

Testgütekriterien

Objektivität

Aufgrund der Fragebogenform, der standardisierten Vorgehensweise und der schriftlichen Instruktion kann das Verfahren Objektivität hinsichtlich seiner Durchführung und Auswertung in Anspruch nehmen.

Reliabilität

Reliabilitätsmaße für Empathie und angemessenes soziales Verhalten (.76 und .72)

Validität

Das Verfahren besitzt inhaltlich-logische Gültigkeit.
Die Validierungsstichprobe bestand aus 158 Hauptschülern im Alter von 12 bis 16 Jahren.

Die Testbatterie setzte sich aus folgenden Elementen zusammen:

- Empathieitems aus dem Impulsivitätsfragebogen von Eysenck (Eysenck, Daum, Schugens & Diehl, 1990);
- Items der Skalen „Bereitschaft zu sozialem Engagement", „Selbsterleben von Unterlegenheit" und „aggressives Bedürfnis nach Ich-Durchsetzung" aus dem Persönlichkeitsfragebogen für Kinder von 9 bis 14 (PFK 9-14, Seitz & Rausche, 2004);

- Items der Skala „soziale Erwünschtheit“ aus dem Mehrdimensionalen Persönlichkeits-Test für Jugendliche (MPT-J; Schmidt, 1981);
- Fragen zur Gewaltlegitimation (Brosius, 1987);
- Selbsteinschätzung der schulischen Leistung auf einer Skala von 1 bis 5.
- Zahl der Klassenwiederholungen;
- Selbsteinschätzung der Beliebtheit in der Klasse auf einer Skala von 1 bis 5;
- Anzahl der Freunde (kein Freund, mindestens ein Freund oder mehrere Freunde).
- Die Skala „Soziale Erwünschtheit“ wurde in die Testbatterie aufgenommen, um zu überprüfen, ob die Probanden wahrheitsgemäß antworteten.

  Die Skala „Selbsterleben von Unterlegenheit“ wurde verwendet, um den Probanden ein hohes, mittleres oder geringes Selbstwertgefühl zuzuordnen. Die Annahme, dass Jugendliche mit einem mittleren Selbstwertgefühl bessere Empathiewerte erzielen als Jugendliche mit einem sehr hohen bzw. sehr geringem Selbstwertgefühl, konnte nicht bestätigt werden. Ansonsten stimmten die Ergebnisse weitgehend mit den aufgestellten Vermutungen überein.

Tabelle 1
Korrelationen des Fragebogens mit anderen Variablen

Inhalt	*Empathie*	*Angemessenes soziales Verhalten*
Empathie nach Eysenck	.44	.28
Bereitschaft zu sozialem Engagement	.35	.44
Ich-Durchsetzung, Aggression	.48	.45
Soziale Erwünschtheit	.03	.07
Gewaltlegitimation	.54	.38
Schulische Leistung	.12	.21
Zahl der Klassenwiederholungen	.23	.21
Beliebtheit in der Klasse	.18	.17
Anzahl der Freunde	.22	.37

(siehe Glossar: Korrelationskoeffizient)

4. Testaufbau

Der Fragebogen enthält 15 kurze Alltagssituationen, in denen jeweils zwei Hauptpersonen vorkommen. Da dieser Test bei Kindern bzw. Jugendlichen eingesetzt werden soll, sind auch die Hauptpersonen in den Kurzgeschichten vorwiegend Kinder. Im realen Leben entstehen jedoch nicht nur mit Altersgenossen, sondern auch mit Erwachsenen, z. B. mit Eltern oder Lehrkräften, Konflikte. Deshalb wurden auch erwachsene Personen in den Test mit aufgenommen.
Der Test beinhaltet insgesamt 10 Situationen mit je zwei Kindern und fünf Situationen mit je einem Kind und einem Erwachsenen als Hauptpersonen. Zusätzlich wurde darauf geachtet, dass die thematischen Inhalte der Situationen nicht identisch sind. In einigen Situationen werden Konflikte zwischen zwei Personen thematisiert, bei anderen handelt es sich eher um hilfeleistungsthematische Situationen. Es werden freudige und furchterweckende, aber vor allem traurige und ärgerliche Ereignisse behandelt. Nach jeder Situation werden den Probanden Fragen folgender Art gestellt:

Wie fühlt sich Person A?
Wie fühlt sich Person B?
Wie würdest Du an der Stelle von Person A (bzw. Person B) reagieren?

Mit den ersten beiden Fragen wird erfasst, wie gut sich der Proband in andere einfühlen kann (Empathie).
Die dritte Frage bezieht sich auf das eigene Verhalten des Probanden (angemessenes soziales Verhalten).

Zu jeder Frage wurden jeweils zwei Antwortalternativen formuliert. Bei den Fragen zu den Gefühlen der Hauptpersonen wurde je eine Antwort vorgegeben, die den wirklichen emotionalen Zustand der Person beschreibt, und eine Antwort, die den wirklichen Gefühlen der Person eher nicht entspricht. In manchen Situationen geht es darum, dass die Person B mit dem Leid von Person A konfrontiert wird und emotional darauf reagiert.
Hier wurde als richtige Antwort eine konsonante affektive Reaktion vorgegeben, z. B. Person B empfindet Mitleid mit Person A. Als falsche Antwort wurde eine nicht übereinstimmende emotionale Reaktion vorgegeben, z. B. Person B ist genervt von Person A. Bei den Fragen zum Verhalten des Probanden wurden als richtige Antworten angemessene soziale Verhaltensweisen, z. B. Helfen oder Trösten, und als falsche Antworten eher unangemessene Verhaltensweisen, z. B. Hilfeunterlassungen oder aggressive Handlungen, vorgegeben.
Der Test enthält insgesamt 30 Fragen zu den Gefühlen von Personen und 16 Fragen zu dem eigenen Verhalten des Probanden. Die Anzahl der richtigen Antworten bezüglich der Gefühle der Hauptpersonen ergibt den Wert für die Empathiefähigkeit des Probanden.
Die Summe der richtigen Antworten bezüglich des eigenen Verhaltens ergibt den Wert für angemessenes soziales Verhalten.
Anmerkung: Im Folgenden wird der vollständige Fragebogen zur Erfassung von Empathie und angemessenem sozialem Verhalten wiedergegeben mit den im Sinne von Empathie bzw. angemessenem sozialem Verhalten richtigen Antworten (mit grün gekennzeichnete Antworten).

5. Durchführung

Testformen
Das Verfahren kann als Einzel- oder Gruppentest durchgeführt werden. Parallelformen liegen nicht vor.

Altersbereiche
Kinder und Jugendliche im Alter von 12 bis 16 Jahren (Normierungen). Durchführung auch bei < 12 > 16 möglich.

Durchführungsdauer
Es ist mit 30 Minuten Durchführungszeit zu rechnen.

Material
Fragebogen und Schreibgerät.

Testinstruktion
Dem Fragebogen ist eine schriftliche Instruktion vorangestellt: „*Im folgenden Abschnitt sind verschiedene Situationen beschrieben, wie sie jeden Tag passieren können. Kreuze bitte an, wie sich die Hauptpersonen Deiner Meinung nach in der jeweiligen Situation fühlen, und wie Du an ihrer Stelle reagieren würdest (kreuze bitte jeweils nur eine der beiden Antwortmöglichkeiten an).*“

Durchführungsvoraussetzungen
Der Testleiter benötigt keine über die bei vergleichbaren Verfahren zu setzenden Anforderungen hinausgehende Kenntnisse oder Fähigkeiten.

6. Auswertung

Auswertungshilfen
Schablonen zur raschen Auswertung können leicht selbst angefertigt werden. Die richtigen Antworten auf dem Deckblatt jeweils ankreuzen und dann den Gesamtwertrohwert eintragen. Die ersten beiden Fragen erfassen die Empathie (max. 30 Punkte). Die dritte Frage bezieht sich auf das soziale Verhalten (Bei Fall 1 sind es die 3. und 4. Frage; max. 16 Punkte). Für die Testrohwerte stehen T-Werte und Prozentränge zur Verfügung.

Auswertungszeit
Für die Auswertung sind etwa 10 Minuten zu veranschlagen.

Normierung
Zur Normierung des Fragebogens wurden die Prozentränge und T-Werte errechnet (Tabelle 2). Als Eichstichprobe dienten 158 Hauptschüler im Alter von 12 bis 16 Jahren.

Tabelle 2

Empathie		
Rohwert	*Prozentrang*	*T- Wert*
14	1	25
15	1	25
16	2	29
17	2	30
18	3	31
19	4	32
20	5	34
21	10	37
22	16	39
23	22	42
24	27	44
25	32	45
26	41	48
27	49	50
28	63	53
29	86	61
30	99	73

Angemessenes soziales Verhalten		
Rohwert	*Prozentrang*	*T-Wert*
4	0	23
5	1	27
6	2	30
7	4	32
8	8	36
9	12	38
10	15	39
11	18	41
12	23	43
13	36	45
14	49	50
15	78	58
16	98	71

Bewertung
Mit dem Fragebogen zur Erfassung von Empathie und angemessenem sozialem Verhalten liegt ein Messinstrument mit Ergebnissen zu Gültigkeit und Zuverlässigkeit vor, die insgesamt als befriedigend bis gut gelten können. Der Fragebogen stellt also ein brauchbares Instrument zur Erfassung von Gefühlen und angemessenem sozialem Verhalten bei Kindern und Jugendlichen dar. Der Fragebogen kann in allen Schularten durchgeführt werden.
Die Werte können aus der Tabelle 1 erfasst werden.
Zur Interpretation können beide Möglichkeiten gewählt werden.

Prozentrang	*T-Werte*	*Auswertung*
0 bis 10	bis 37	sehr geringe Ausprägung
11 bis 25	38 bis 43	geringe Ausprägung
26 bis75	44 bis 56	durchschnittliche Ausprägung
76 bis 90	57 bis 63	hohe Ausprägung
91 bis 100	64 bis 80	sehr hohe Ausprägung

Quartile	*Auswertung*
1.Quartil (0 bis 25 Prozent)	sehr wenig Empathie bzw. soziales Verhalten
2.Quartil (26 bis 50 Prozent)	wenig Empathie bzw. soziales Verhalten
3.Quartil (51 bis 70 Prozent)	durchschnittliche Werte
4.Quartil (71 bis 100 Prozent)	positive Ausprägung in Empathie und sozialem Verhalten

Prozentwerte bis 25 deuten auf eine Therapiebedürftigkeit hin. Es sollten dann Beratungsdienste in Anspruch genommen werden.

7. Fragebogen

Fragebogen zur Erfassung von Gefühlen und angemessenem sozialen Verhalten

Auswertungsbogen mit Beispiel

Name: Mustermann Vorname: Jürgen

Testdatum: TT.MM.JJJJ Alter 14 Jahre Junge: X Mädchen: ❍

Schule: Musterschule Klasse: 7b

Empathie

Frage	*Frage*	*Rohwert*	*Prozent-rang*	*T-Wert*
~~1~~	1	1	x	x
~~2~~	~~2~~	2	x	x
3	3	0	x	x
4	~~4~~	1	x	x
~~5~~	~~5~~	2	x	x
~~6~~	~~6~~	2	x	x
~~7~~	~~7~~	2	x	x
8	~~8~~	1	x	x
~~9~~	9	1	x	x
~~10~~	~~10~~	2	x	x
~~11~~	~~11~~	2	x	x
~~12~~	~~12~~	2	x	x
~~13~~	~~13~~	2	x	x
14	~~14~~	1	x	x
~~15~~	~~15~~	2	x	x
	Gesamt	23	22	42

Prozentrang: 22

T-Wert: 42

Angemessenes soziales Verhalten

Frage	*Rohwert*	*Prozent-rang*	*T-Wert*
~~1~~	1	x	x
1	0		
~~2~~	1	x	x
3	0	x	x
~~4~~	1	x	x
5	0	x	x
~~6~~	1	x	x
~~7~~	1	x	x
~~8~~	1	x	x
9	0	x	x
~~10~~	1	x	x
11	0	x	x
~~12~~	1	x	x
~~13~~	1	x	x
14	0	x	x
~~15~~	1	x	x
Gesamt	10	15	39

Prozentrang: 15

T-Wert: 39

Bewertung

Empathie: Geringe Ausprägung, wenig Empathie

Soziales Verhalten: Geringe Ausprägung

Empfehlung: Elterngespräche, Beratungsdienste

Fragebogen zur Erfassung von Gefühlen und angemessenem sozialen Verhalten

Auswertungsbogen

Name: ______________________ Vorname: ______________________

Testdatum: ______________________ Alter ____________ Junge: ❍ Mädchen: ❍

Schule: ______________________________________ Klasse: ____________

Empathie

Frage	*Frage*	*Rohwert*	*Prozent-rang*	*T-Wert*
1	1		x	x
2	2		x	x
3	3		x	x
4	4		x	x
5	5		x	x
6	6		x	x
7	7		x	x
8	8		x	x
9	9		x	x
10	10		x	x
11	11		x	x
12	12		x	x
13	13		x	x
14	14		x	x
15	15		x	x
	Gesamt			

Prozentrang: ☐

T-Wert: ☐

Angemessenes soziales Verhalten

Frage	*Rohwert*	*Prozent-rang*	*T-Wert*
1			
1		x	x
2		x	x
3		x	x
4		x	x
5		x	x
6		x	x
7		x	x
8		x	x
9		x	x
10		x	x
11		x	x
12		x	x
13		x	x
14		x	x
15		x	x
Gesamt			

Prozentrang: ☐

T-Wert: ☐

Bewertung

Empathie: ______________________________________

Soziales Verhalten: ______________________________________

Empfehlung: ______________________________________

Fragebogen zur Erfassung von Gefühlen und angemessenem sozialen Verhalten

1 Fritz trifft seinen Freund Jochen auf der Straße und zeigt ihm seinen neuen Fotoapparat den er von seinen Eltern geschenkt bekommen hat. Jochen bittet Fritz, ihn auch mal ausprobieren zu dürfen. In dem Moment, als Jochen fotografieren will, stolpert er. Der Fotoapparat fällt zu Boden und geht kaputt.

Fragen:
Wie fühlt sich Fritz, als er sieht, dass sein Fotoapparat kaputt ist?

❍ Er ärgert sich, weil sein Fotoapparat kaputt ist.
❍ Es macht ihm nichts aus, weil er von seinen Eltern bestimmt noch mal einen Fotoapparat geschenkt bekommt.

Wie fühlt sich Jochen dabei?

❍ Er fühlt sich unschuldig, weil er den Fotoapparat nicht mit Absicht kaputt gemacht hat.
❍ Es ist ihm peinlich, dass er den Fotoapparat kaputt gemacht hat.

Wie würdest du an der Stelle von Fritz reagieren?

❍ Ich würde Jochen anschreien, weil er nicht besser auf den Fotoapparat aufgepasst hat.
❍ Ich würde sagen, dass es mich ärgert, aber dass ich Jochen nicht böse bin, weil er ihn nicht mit Absicht kaputt gemacht hat.

Wie würdest du an Jochens Stelle reagieren?

❍ Ich würde mich entschuldigen.
❍ Ich würde sagen, dass sich Fritz nicht aufregen soll, weil es ja schließlich keine Absicht war.

2 Sabine ruft bei ihrer Freundin Tanja an und erzählt ihr schluchzend, dass ihre Katze gerade gestorben sei.

Fragen:
Wie fühlt sich Sabine jetzt?

❍ Sie ärgert sich, weil ihre Katze gestorben ist.
❍ Sie ist traurig, weil ihre Katze gestorben ist.

Was denkt Tanja, als sie das hört?

❍ Sie ist genervt von Sabines Gejammer.
❍ Sabine tut ihr leid.

Was würdest du an Tanjas Stelle tun?

❍ Ich würde versuchen, Sabine zu trösten.
❍ Ich würde zu Sabine sagen, dass sie sich eine neue Katze kaufen soll.

3 Jürgen wünscht sich zum Geburtstag einen Computer. Seine Eltern haben jedoch nicht so viel Geld und schenken ihm deswegen etwas anderes.

Fragen
Wie fühlt sich Jürgen, als er sieht, dass er keinen Computer bekommen hat?

❍ Es macht ihm nichts aus, weil er ja dafür etwas anderes bekommen hat.
❍ Er ist enttäuscht.

Wie fühlen sich die Eltern, weil sie ihm seinen Wunsch nicht erfüllen konnten?

❍ Es tut ihnen leid, dass sie ihm seinen Wunsch nicht erfüllen konnten.

❍ Es ist ihnen egal, weil sie ja eh nicht so viel Geld gehabt hätten, um den Computer zu kaufen.

Wie würdest du an Jürgens Stelle reagieren?

❍ Ich würde mich bei meinen Eltern lauthals beschweren, dass ich lieber einen Computer gehabt hätte.

❍ Ich würde versuchen, mir nichts anmerken zu lassen und mich über das andere Geschenk freuen.

4 Thomas will seine kleine Schwester Anna zum Spaß ein bisschen erschrecken. Er versteckt sich hinter einem Baum und als Anna vorbeikommt, springt er mit lautem Brüllen hervor. Anna rennt schreiend davon.

Fragen:

Wie fühlt sich Anna, als sie davonrennt?

❍ Sie hat Angst.

❍ Sie ist traurig, weil ihr Bruder sie erschreckt hat.

Was denkt Thomas, als er sieht, dass seine Schwester davonrennt?

❍ Er freut sich, weil er Anna so richtig erschreckt hat.

❍ Es tut ihm leid, weil er sie eigentlich nur ein bisschen erschrecken wollte.

Wie würdest Du an der Stelle von Thomas reagieren?

❍ Ich würde ihr nachrennen und versuchen, sie zu beruhigen.

❍ Ich würde sie auslachen, weil sie so ein Angsthase ist.

5 Susanne möchte sich spät am Abend noch einen Gruselfilm ansehen. Ihr Vater aber erlaubt es ihr nicht, mit der Begründung, dass sie noch zu jung dafür sei und schickt sie ins Bett.

Fragen:

Was denkt der Vater, als er sagt, dass Susanne noch zu jung sei?

❍ Er glaubt, dass sich Susanne beim Anschauen des Films zu sehr fürchtet.

❍ Er will Susanne ärgern.

Wie fühlt sich Susanne, weil sie den Film nicht sehen darf?

❍ Sie ist traurig.

❍ Sie ärgert sich.

Was würdest du an der Stelle von Susanne dann tun?

❍ Ich würde meinen Vater anschreien, weil er so gemein ist.

❍ Ich würde versuchen, noch mal mit ihm darüber zu reden.

6 Julia ist auf eine Geburtstagsparty eingeladen, auf die sie sich schon sehr freut. Auf dem Weg dorthin (sie ist schon sehr spät dran) trifft sie Michaela, die in einer Wiese verzweifelt nach ihrer Goldkette sucht, die sie gerade verloren hat. Michaela bittet Julia, ihr beim Suchen zu helfen.

Fragen:

Wie fühlt sich Michaela?

❍ Sie ärgert sich, weil sie ihre Kette verloren hat.

❍ Sie will Aufmerksamkeit erregen.

Was geht in Julia vor, als Michaela sie um Hilfe bittet?

❍ Sie freut sich, dass sie um Hilfe gebeten wird.

❍ Michaela tut ihr zwar leid, aber sie ist ein wenig genervt, weil sie es eilig hat.

Wie würdest du an Julias Stelle reagieren?

- ❍ Ich würde beim Suchen helfen und später auf die Party gehen.
- ❍ Ich würde weitergehen, weil ich sonst zu spät auf die Party komme und Michaela die Kette bestimmt auch allein findet.

7 Sebastian will gerade das Haus verlassen, weil er mit seinen Freunden Fußballspielen ausgemacht hat. Seine Mutter bittet ihn aber, für sie das Geschirr zu spülen, weil sie noch viel zu erledigen hat.

Fragen:

Wie fühlt sich Sebastian, als er hört, dass er das Geschirr spülen soll?

- ❍ Er ist traurig.
- ❍ Er ärgert sich.

Wie fühlt sich seine Mutter?

- ❍ Sie ist gestresst von der vielen Arbeit.
- ❍ Sie will nur nicht, dass Sebastian zum Fußballspielen geht.

Was würdest du an Sebastians Stelle tun?

- ❍ Ich würde zum Fußballspielen gehen, weil es schon ausgemacht ist.
- ❍ Ich würde abspülen und dann zum Fußballspielen nachkommen.

8 Markus stottert und wird deswegen von seinen Schulkameraden ständig gehänselt. Doris kommt neu in die Klasse. Sie bemerkt, dass Markus wegen seines Sprachfehlers von allen geärgert wird und macht mit.

Fragen:

Warum ärgert auch Doris Markus?

- ❍ Weil Markus stottert.
- ❍ Weil sie von den anderen akzeptiert werden will.

Wie fühlt sich Markus, wenn er gehänselt wird?

- ❍ Er ist traurig und fühlt sich ausgeschlossen.
- ❍ Er nimmt das nicht so ernst.

Wie hättest du an der Stelle von Doris reagiert?

- ❍ Ich hätte auch mitgemacht.
- ❍ Ich hätte mich rausgehalten.

9 Tim erzählt während des Schulunterrichts seinem Banknachbarn ausführlich, was er gestern Nachmittag alles gemacht hat. Nach mehreren Ermahnungen gibt ihm der Lehrer eine Strafarbeit auf.

Fragen:

Warum macht der Lehrer das?

- ❍ Weil er Tim nicht leiden kann.
- ❍ Weil er will, dass Tim nächstes Mal besser im Unterricht aufpasst.

Was geht in Tim vor, als er hört, dass er eine Strafarbeit machen muss?

- ❍ Er ärgert sich darüber.
- ❍ Er findet es lustig.

Wie würdest du an der Stelle von Tim darauf reagieren?

- ❍ Ich würde die Strafarbeit machen.
- ❍ Ich würde mich beim Lehrer beschweren, weil er mir nur eins auswischen will.

10 Martina kommt in der Früh zu spät zur Schule, weil ihr Bus Verspätung hatte. Als sie das Klassenzimmer betritt, wird sie vom Lehrer getadelt, weil sie zu spät kommt.

Fragen:

Was denkt sich der Lehrer dabei, als er sie tadelt?

- ❍ Er glaubt, dass Martina getrödelt hat und deswegen zu spät kommt.
- ❍ Er will sie vor der Klasse lächerlich machen.

Wie fühlt sich Martina, als sie getadelt wird?

- ❍ Es macht ihr nichts aus, weil sie ja schließlich nichts dafür kann.
- ❍ Sie ärgert sich, weil sie nichts dafür kann.

Wie würdest du an Martinas Stelle darauf reagieren?

- ❍ Ich würde mich hinsetzen und über den Lehrer schimpfen, weil er so ungerecht ist.
- ❍ Ich würde dem Lehrer erklären, dass der Bus Verspätung hatte.

11 Karsten hilft Daniela bei ihren Schulaufgaben. Daniela verspricht ihm, ihn dafür ins Kino einzuladen. Als sie vorm Kino stehen, bemerkt Daniela, dass sie nicht genügend Geld für zwei Kinokarten hat und deswegen ihr Versprechen nicht einhalten kann.

Fragen:

Wie fühlt sich Karsten, als er erfährt, dass er doch nicht ins Kino eingeladen wird?

- ❍ Er ist enttäuscht, weil er sich auf das Kinogehen gefreut hatte.
- ❍ Es ist ihm egal, weil man eh nichts dran ändern kann.

Wie fühlt sich Daniela, als sie merkt, dass sie nicht genügend Geld dabei hat?

- ❍ Es ist ihr peinlich, weil sie es versprochen hatte.
- ❍ Sie ist froh, weil sie s ich dadurch Geld spart.

Wie würdest du an Karstens Stelle darauf reagieren?

- ❍ Ich würde mich bei Daniela beschweren, weil sie sich vor seinem Versprechen drücken will.
- ❍ Ich würde Daniela vorschlagen, vielleicht ein anderes Mal ins Kino zu gehen.

12 Torsten und Florian spielen in einer Mannschaft Fußball. Dicht vor dem gegnerischen Tor gibt Florian den Ball an Torsten ab, doch Torsten verfehlt das Tor. Kurz darauf ist das Spiel zu Ende und ihre Mannschaft hat 0 : 1 verloren.

Fragen:

Wie fühlt sich Torsten, weil er den Ball nicht reingekriegt hat?

- ❍ Er ist von sich selbst enttäuscht.
- ❍ Er ist ihm egal, weil seine Mitspieler auch kein Tor erzielt haben.

Was denkt Florian darüber?

- ❍ Er denkt nicht mehr darüber nach, weil man jetzt eh nichts mehr machen kann.
- ❍ Er ärgert sich, weil seine Mannschaft verloren hat.

Wie würdest du an Florians Stelle reagieren?

- ❍ Ich würde Torsten beschimpfen, weil er ein Versager ist.
- ❍ Ich würde Torsten auf die Schulter klopfen und sagen, dass das jedem Mal passieren kann.

13 Ingrid erzählt ihrer besten Freundin Andrea weinend, dass ihr Freund sie gestern verlassen hat.

Fragen:
Wie fühlt sich Ingrid?
❍ Sie ist traurig.
❍ Sie ärgert sich.

Was denkt Andrea, als sie das hört?
❍ Sie findet Ingrids Gejammere übertrieben.
❍ Ingrid tut ihr leid.

Wie würdest du an Andreas Stelle reagieren?
❍ Ich würde sagen, dass sie sich nicht so darüber aufregen soll.
❍ Ich würde versuchen sie zu trösten.

14 Andreas möchte am Abend mit ein paar Freunden in die Disco gehen. Kurz vorher ruft ihn sein bester Freund Ludwig an und bittet ihn, auf seine kleine Schwester aufzupassen, weil ihn Julia gefragt hat, ob er mit ihr ins Kino gehen möchte. Ludwig ist schon seit längerer Zeit in Julia verliebt.

Fragen:
Was geht in Ludwig vor?
❍ Er freut sich und ist aufgeregt, weil er mit Julia ins Kino gehen darf.
❍ Er möchte seine kleine Schwester loshaben.

Wie fühlt sich Andreas, als er von Ludwig gebeten wird, auf seine Schwester aufzupassen?
❍ Er ist traurig, weil er selbst fortgehen wollte.
❍ Er ärgert sich ein wenig, weil er auch fortgehen wollte.

Was würdest du an Ludwigs Stelle tun?
❍ Ich würde auf seine Schwester aufpassen, weil die Verabredung für Ludwig sehr wichtig ist.
❍ Ich würde zu Ludwig sagen, dass ich keine Zeit habe und dass er bestimmt jemanden anderen findet, der auf seine Schwester aufpasst.

15 Michael erzählt nach dem Schulunterricht seinem Freund Peter, dass er in Mathematik eine Eins bekommen hat. Peter, der nur eine Vier bekommen hat, sagt zu Michael, dass er ein „blöder Streber“ ist.

Fragen:
Warum sagt Peter das?
❍ Er ist neidisch auf Michael.
❍ Er mag Michael nicht.

Wie fühlt sich Michael daraufhin?
❍ Er ist verletzt, weil Peter ihn beleidigt hat.
❍ Er findet Peters Verhalten lächerlich.

Wie würdest du an Michaels Stelle reagieren?
❍ Ich würde zu Peter sagen, dass er sich nicht so aufführen soll.
❍ Ich würde zu Peter sagen, dass es mir leid tut, dass er nur eine Vier bekommen hat, aber dass er mich deswegen nicht beleidigen muss.

Fragebogen zur Erfassung von Gefühlen und angemessenem sozialen Verhalten – Lösungen

E = Empathie *SV = soziales Verhalten*

1 Fritz trifft seinen Freund Jochen auf der Straße und zeigt ihm seinen neuen Fotoapparat den er von seinen Eltern geschenkt bekommen hat. Jochen bittet Fritz, ihn auch mal ausprobieren zu dürfen. In dem Moment, als Jochen fotografieren will, stolpert er. Der Fotoapparat fällt zu Boden und geht kaputt.

Fragen:

E *Wie fühlt sich Fritz, als er sieht, dass sein Fotoapparat kaputt ist?*

❍ **Er ärgert sich, weil sein Fotoapparat kaputt ist.**

❍ Es macht ihm nichts aus, weil er von seinen Eltern bestimmt noch mal einen Fotoapparat geschenkt bekommt.

E *Wie fühlt sich Jochen dabei?*

❍ Er fühlt sich unschuldig, weil er den Fotoapparat nicht mit Absicht kaputt gemacht hat.

❍ **Es ist ihm peinlich, dass er den Fotoapparat kaputt gemacht hat.**

SV *Wie würdest du an der Stelle von Fritz reagieren?*

❍ Ich würde Jochen anschreien, weil er nicht besser auf den Fotoapparat aufgepasst hat.

❍ **Ich würde sagen, dass es mich ärgert, aber dass ich Jochen nicht böse bin, weil er ihn nicht mit Absicht kaputt gemacht hat.**

SV *Wie würdest du an Jochens Stelle reagieren?*

❍ **Ich würde mich entschuldigen.**

❍ Ich würde sagen, dass sich Fritz nicht aufregen soll, weil es ja schließlich keine Absicht war.

2 Sabine ruft bei ihrer Freundin Tanja an und erzählt ihr schluchzend, dass ihre Katze gerade gestorben sei.

Fragen:

E *Wie fühlt sich Sabine jetzt?*

❍ Sie ärgert sich, weil ihre Katze gestorben ist.

❍ **Sie ist traurig, weil ihre Katze gestorben ist.**

E *Was denkt Tanja, als sie das hört?*

❍ Sie ist genervt von Sabines Gejammer.

❍ **Sabine tut ihr leid.**

SV *Was würdest du an Tanjas Stelle tun?*

❍ **Ich würde versuchen, Sabine zu trösten.**

❍ Ich würde zu Sabine sagen, dass sie sich eine neue Katze kaufen soll.

3 Jürgen wünscht sich zum Geburtstag einen Computer. Seine Eltern haben jedoch nicht so viel Geld und schenken ihm deswegen etwas anderes.

Fragen

Wie fühlt sich Jürgen, als er sieht, dass er keinen Computer bekommen hat?

E ❍ Es macht ihm nichts aus, weil er ja dafür etwas anderes bekommen hat.

❍ **Er ist enttäuscht.**

E *Wie fühlen sich die Eltern, weil sie ihm seinen Wunsch nicht erfüllen konnten?*

- ❍ **Es tut ihnen leid, dass sie ihm seinen Wunsch nicht erfüllen konnten.**
- ❍ Es ist ihnen egal, weil sie ja eh nicht so viel Geld gehabt hätten, um den Computer zu kaufen.

SV *Wie würdest du an Jürgens Stelle reagieren?*

- ❍ Ich würde mich bei meinen Eltern lauthals beschweren, dass ich lieber einen Computer gehabt hätte.
- ❍ **Ich würde versuchen, mir nichts anmerken zu lassen und mich über das andere Geschenk freuen.**

4 Thomas will seine kleine Schwester Anna zum Spaß ein bisschen erschrecken. Er versteckt sich hinter einem Baum und als Anna vorbeikommt, springt er mit lautem Brüllen hervor. Anna rennt schreiend davon.

Fragen:

E *Wie fühlt sich Anna, als sie davonrennt?*

- ❍ **Sie hat Angst.**
- ❍ Sie ist traurig, weil ihr Bruder sie erschreckt hat.

E *Was denkt Thomas, als er sieht, dass seine Schwester davonrennt?*

- ❍ Er freut sich, weil er Anna so richtig erschreckt hat.
- ❍ **Es tut ihm leid, weil er sie eigentlich nur ein bisschen erschrecken wollte.**

SV *Wie würdest Du an der Stelle von Thomas reagieren?*

- ❍ **Ich würde ihr nachrennen und versuchen, sie zu beruhigen.**
- ❍ Ich würde sie auslachen, weil sie so ein Angsthase ist.

5 Susanne möchte sich spät am Abend noch einen Gruselfilm ansehen. Ihr Vater aber erlaubt es ihr nicht, mit der Begründung, dass sie noch zu jung dafür sei und schickt sie ins Bett.

Fragen:

E *Was denkt der Vater, als er sagt, dass Susanne noch zu jung sei?*

- ❍ **Er glaubt, dass sich Susanne beim Anschauen des Films zu sehr fürchtet.**
- ❍ Er will Susanne ärgern.

E *Wie fühlt sich Susanne, weil sie den Film nicht sehen darf?*

- ❍ Sie ist traurig.
- ❍ **Sie ärgert sich.**

SV *Was würdest du an der Stelle von Susanne dann tun?*

- ❍ Ich würde meinen Vater anschreien, weil er so gemein ist.
- ❍ **Ich würde versuchen, noch mal mit ihm darüber zu reden.**

6 Julia ist auf eine Geburtstagsparty eingeladen, auf die sie sich schon sehr freut. Auf dem Weg dorthin (sie ist schon sehr spät dran) trifft sie Michaela, die in einer Wiese verzweifelt nach ihrer Goldkette sucht, die sie gerade verloren hat. Michaela bittet Julia, ihr beim Suchen zu helfen.

Fragen:

E *Wie fühlt sich Michaela?*

- ❍ **Sie ärgert sich, weil sie ihre Kette verloren hat.**
- ❍ Sie will Aufmerksamkeit erregen.

E *Was geht in Julia vor, als Michaela sie um Hilfe bittet?*

- ❍ Sie freut sich, dass sie um Hilfe gebeten wird.
- ❍ **Michaela tut ihr zwar leid, aber sie ist ein wenig genervt, weil sie es eilig hat.**

SV *Wie würdest du an Julias Stelle reagieren?*

❍ **Ich würde beim Suchen helfen und später auf die Party gehen.**

❍ Ich würde weitergehen, weil ich sonst zu spät auf die Party komme und Michaela die Kette bestimmt auch allein findet.

7 Sebastian will gerade das Haus verlassen, weil er mit seinen Freunden Fußballspielen ausgemacht hat. Seine Mutter bittet ihn aber, für sie das Geschirr zu spülen, weil sie noch viel zu erledigen hat.

Fragen:

E *Wie fühlt sich Sebastian, als er hört, dass er das Geschirr spülen soll?*

❍ Er ist traurig.

❍ **Er ärgert sich.**

E *Wie fühlt sich seine Mutter?*

❍ **Sie ist gestresst von der vielen Arbeit.**

❍ Sie will nur nicht, dass Sebastian zum Fußballspielen geht.

SV *Was würdest du an Sebastians Stelle tun?*

❍ Ich würde zum Fußballspielen gehen, weil es schon ausgemacht ist.

❍ **Ich würde abspülen und dann zum Fußballspielen nachkommen.**

8 Markus stottert und wird deswegen von seinen Schulkameraden ständig gehänselt. Doris kommt neu in die Klasse. Sie bemerkt, dass Markus wegen seines Sprachfehlers von allen geärgert wird und macht mit.

Fragen:

E *Warum ärgert auch Doris Markus?*

❍ Weil Markus stottert.

❍ **Weil sie von den anderen akzeptiert werden will.**

E *Wie fühlt sich Markus, wenn er gehänselt wird?*

❍ **Er ist traurig und fühlt sich ausgeschlossen.**

❍ Er nimmt das nicht so ernst.

SV *Wie hättest du an der Stelle von Doris reagiert?*

❍ Ich hätte auch mitgemacht.

❍ **Ich hätte mich rausgehalten.**

9 Tim erzählt während des Schulunterrichts seinem Banknachbarn ausführlich, was er gestern Nachmittag alles gemacht hat. Nach mehreren Ermahnungen gibt ihm der Lehrer eine Strafarbeit auf.

Fragen:

E *Warum macht der Lehrer das?*

❍ Weil er Tim nicht leiden kann.

❍ **Weil er will, dass Tim nächstes Mal besser im Unterricht aufpasst.**

E *Was geht in Tim vor, als er hört, dass er eine Strafarbeit machen muss?*

❍ **Er ärgert sich darüber.**

❍ Er findet es lustig.

SV *Wie würdest du an der Stelle von Tim darauf reagieren?*

❍ **Ich würde die Strafarbeit machen.**

❍ Ich würde mich beim Lehrer beschweren, weil er mir nur eins auswischen will.

10 Martina kommt in der Früh zu spät zur Schule, weil ihr Bus Verspätung hatte. Als sie das Klassenzimmer betritt, wird sie vom Lehrer getadelt, weil sie zu spät kommt.

Fragen:

E *Was denkt sich der Lehrer dabei, als er sie tadelt?*

- ❍ **Er glaubt, dass Martina getrödelt hat und deswegen zu spät kommt.**
- ❍ Er will sie vor der Klasse lächerlich machen.

E *Wie fühlt sich Martina, als sie getadelt wird?*

- ❍ Es macht ihr nichts aus, weil sie ja schließlich nichts dafür kann.
- ❍ **Sie ärgert sich, weil sie nichts dafür kann.**

SV *Wie würdest du an Martinas Stelle darauf reagieren?*

- ❍ Ich würde mich hinsetzen und über den Lehrer schimpfen, weil er so ungerecht ist.
- ❍ **Ich würde dem Lehrer erklären, dass der Bus Verspätung hatte.**

11 Karsten hilft Daniela bei ihren Schulaufgaben. Daniela verspricht ihm, ihn dafür ins Kino einzuladen. Als sie vorm Kino stehen, bemerkt Daniela, dass sie nicht genügend Geld für zwei Kinokarten hat und deswegen ihr Versprechen nicht einhalten kann.

Fragen:

E *Wie fühlt sich Karsten, als er erfährt, dass er doch nicht ins Kino eingeladen wird?*

- ❍ **Er ist enttäuscht, weil er sich auf das Kinogehen gefreut hatte.**
- ❍ Es ist ihm egal, weil man eh nichts dran ändern kann.

E *Wie fühlt sich Daniela, als sie merkt, dass sie nicht genügend Geld dabei hat?*

- ❍ **Es ist ihr peinlich, weil sie es versprochen hatte.**
- ❍ Sie ist froh, weil sie s ich dadurch Geld spart.

SV *Wie würdest du an Karstens Stelle darauf reagieren?*

- ❍ Ich würde mich bei Daniela beschweren, weil sie sich vor seinem Versprechen drücken will.
- ❍ **Ich würde Daniela vorschlagen, vielleicht ein anderes Mal ins Kino zu gehen.**

12 Torsten und Florian spielen in einer Mannschaft Fußball. Dicht vor dem gegnerischen Tor gibt Florian den Ball an Torsten ab, doch Torsten verfehlt das Tor. Kurz darauf ist das Spiel zu Ende und ihre Mannschaft hat 0 : 1 verloren.

Fragen:

E *Wie fühlt sich Torsten, weil er den Ball nicht reingekriegt hat?*

- ❍ **Er ist von sich selbst enttäuscht.**
- ❍ Er ist ihm egal, weil seine Mitspieler auch kein Tor erzielt haben.

E *Was denkt Florian darüber?*

- ❍ Er denkt nicht mehr darüber nach, weil man jetzt eh nichts mehr machen kann.
- ❍ **Er ärgert sich, weil seine Mannschaft verloren hat.**

SV *Wie würdest du an Florians Stelle reagieren?*

- ❍ Ich würde Torsten beschimpfen, weil er ein Versager ist.
- ❍ **Ich würde Torsten auf die Schulter klopfen und sagen, dass das jedem Mal passieren kann.**

13 Ingrid erzählt ihrer besten Freundin Andrea weinend, dass ihr Freund sie gestern verlassen hat.

Fragen:

E *Wie fühlt sich Ingrid?*

❍ **Sie ist traurig.**

❍ Sie ärgert sich.

E *Was denkt Andrea, als sie das hört?*

❍ Sie findet Ingrids Gejammere übertrieben.

❍ **Ingrid tut ihr leid.**

SV *Wie würdest du an Andreas Stelle reagieren?*

❍ Ich würde sagen, dass sie sich nicht so darüber aufregen soll.

❍ **Ich würde versuchen sie zu trösten.**

14 Andreas möchte am Abend mit ein paar Freunden in die Disco gehen. Kurz vorher ruft ihn sein bester Freund Ludwig an und bittet ihn, auf seine kleine Schwester aufzupassen, weil ihn Julia gefragt hat, ob er mit ihr ins Kino gehen möchte.Ludwig ist schon seit längerer Zeit in Julia verliebt.

Fragen:

E *Was geht in Ludwig vor?*

❍ **Er freut sich und ist aufgeregt, weil er mit Julia ins Kino gehen darf.**

❍ Er möchte seine kleine Schwester loshaben.

E *Wie fühlt sich Andreas, als er von Ludwig gebeten wird, auf seine Schwester aufzupassen?*

❍ Er ist traurig, weil er selbst fortgehen wollte.

❍ **Er ärgert sich ein wenig, weil er auch fortgehen wollte.**

SV *Was würdest du an Ludwigs Stelle tun?*

❍ **Ich würde auf seine Schwester aufpassen, weil die Verabredung für Ludwig sehr wichtig ist.**

❍ Ich würde zu Ludwig sagen, dass ich keine Zeit habe und dass er bestimmt jemanden anderen findet, der auf seine Schwester aufpasst.

15 Michael erzählt nach dem Schulunterricht seinem Freund Peter, dass er in Mathematik eine Eins bekommen hat. Peter, der nur eine Vier bekommen hat, sagt zu Michael, dass er ein „blöder Streber" ist.

Fragen:

E *Warum sagt Peter das?*

❍ **Er ist neidisch auf Michael.**

❍ Er mag Michael nicht.

E *Wie fühlt sich Michael daraufhin?*

❍ **Er ist verletzt, weil Peter ihn beleidigt hat.**

❍ Er findet Peters Verhalten lächerlich.

SV *Wie würdest du an Michaels Stelle reagieren?*

❍ Ich würde zu Peter sagen, dass er sich nicht so aufführen soll.

❍ **Ich würde zu Peter sagen, dass es mir leid tut, dass er nur eine Vier bekommen hat, aber dass er mich deswegen nicht beleidigen muss.**

8. Transformationstabellen

Hilfstabelle zur Transformation von T-Werten, IQ-Werten und Prozenträngen (PR)

T	*IQ*	*PR*	*T*	*IQ*	*PR*
20	55	0	50	100	50
21	57	0	51	102	54
22	58	0	52	103	58
23	60	0	53	105	62
24	61	0	54	106	66
25	63	1	55	108	69
26	64	1	56	109	73
27	66	1	57	111	76
28	67	1	58	112	79
29	69	2	59	114	82
30	70	2	60	115	84
31	72	3	61	117	86
32	73	3	62	118	88
33	75	4	63	120	90
34	76	5	64	121	92
35	78	7	65	123	93
36	79	8	66	124	95
37	81	10	67	126	96
38	82	12	68	127	96
39	84	14	69	129	97
40	85	16	70	130	98
41	87	18	71	132	98
42	88	21	72	133	99
43	90	24	73	135	99
44	91	27	74	136	99
45	93	31	75	138	99
46	94	34	76	139	100
47	96	38	77	141	100
48	97	42	78	142	100
49	99	46	79	144	100
50	100	50	80	145	100

Interpretation:

- Bei Rechtschreib- und Lesetests, Fragebogen ist eine Transformation in IQ-Werte zwar rechnerisch möglich, aber wissenschaftlich unsinnig. Die Werte solcher Tests ergeben keinen IQ.
- In der Tabelle „Transformation von Testnormen und (Standard-)Zensuren“ können Vergleiche gezogen werden. Da jedes Testverfahren mit einer Messungenauigkeit behaftet ist, sind für den Testdiagnostiker zur Interpretation individueller Leistungen Vertrauensintervalle zu berücksichtigen, innerhalb deren Grenzen die tatsächliche Leistung liegt. In den hier vorgestellten Verfahren wurde bei der Beurteilung darauf verzichtet. Die Lehrkräfte sollen zu einer Einschätzung kommen, um dann bei Problemfällen Beratungsfachkräfte zur genaueren Diagnostik einzubeziehen.
- Bei den T-Werten handelt es sich um eine lineare Transformation der Rohwertverteilung mit einem Mittelwert von 50 und einer Streuung von 10. Die Prozentränge beruhen auf einer Flächentransformation. Es handelt sich dabei um reine Häufigkeitsangaben, die aussagen, wie groß in der Normstichprobe der Anteil der Schüler ist, deren Leistung unterhalb bzw. oberhalb eines Testwertes liegt. Prozentränge gelten als anschaulich und leicht interpretierbar. So bedeutet ein PR von 75, dass 75 % der Vergleichsstichprobe gleich gute oder schlechtere Ergebnisse erzielten, 25 % der Schüler hatten bessere Testergebnisse.

- Centilwerte (C) und Standardwerte (SW) sind in der Praxis wenig gebräuchlich.
- Eine inhaltliche Interpretation der Normwerte kann bei den Testverfahrenden den entsprechenden Tabellen für die Leistungsbeurteilung entnommen werden.

Transformation von Testnormen und (Standard-) Zensuren

T	*C*	*IQ*	*PR*	*SN6*	*SN5*	*T*	*C*	*IQ*	*PR*	*SN6*	*SN5*
20	-1	55	0,1			50	5	100	50	3,5	3
21	-0,8	57	0,2			51	5,2	102	54		
22	-0,6	58	0,3			52	5,4	103	58		
23	-0,4	60	0,4			53	5,6	105	62		
24	-0,2	61	0,5			54	5,8	106	66		
25	0	63	0,6	6		55	6	108	69	3	2,5
26	0,2	64	0,8			56	6,2	109	73		
27	0,4	66	1			57	6,4	111	76		
28	0,6	67	1,5			58	6,6	112	79		
29	0,8	69	2			59	6,8	112	82		
30	1	70	2,5	5,5	5	60	7	115	84		
31	1,2	72	3			61	7,2	117	86		
32	1 ,4	73	3,5			62	7,4	118	88		
33	1,6	75	4			63	7,6	120	90		
34	1 ,8	76	5			64	7,8	121	92		
35	2	78	7	5	4,5	65	8‘	123	93	2	1,5
36	2,2	79	8			66	8,2	124	95		
37	2,4	81	10			67	8,4	126	96		
38	2,6	82	12			68	8,6	127	96,5		
39	2,8	84	13			69	8,8	129	97		
40	3	85	16	4,5	4	70	9	130	97,5	1,5	1
41	3,2	87	18			71	9,2	132	98		
42	3,4	88	21			72	9,4	133	98,5		
43	3,6	90	24			73	9,6	135	99		
44	3,8	91	27			74	9,8	136	99,2		
45	4	93	31	4	3,5	75	10	138	99,4	1	
46	4,2	94	34			76	10,2	139	99,5		
47	4,4	96	38			77	10,4	141	99,6		
48	4,6	97	42			78	10,6	142	99,7		
49	4,8	99	46			79	10,8	144	99,8		
50	5	100	50	3,5	3	80	11	145	99,9		

Legende:

T = T-Standardwerte, d. h. Intervallskala (MT = 50; sT = 10)
C = Centilwerte, d. h. Intervallskala (MC = 5; sC = 2)
IQ = (Abweichungs-)IQ-Werte, d. h. Intervallskala (M IQ = 100; sIQ = 15)
PR = Prozent-Rangplätze, d.h. keine Intervallskala (Median = 50. PR; Quartile = 25. bzw. 75. PR)
SN_6 = sechsstufige Standard-Notenskala (M = 3,5; s = 1)
SN_5 = fünfstufige Standard-Notenskala (M = 3; s = 1)

9. Glossar

ADHS
Das Aufmerksamkeit-Defizit-Hyperaktivitäts-Syndrom umfasst ein ausgeprägt unaufmerksames, impulsives Verhalten, das sich über einen längeren Zeitraum hinweg in mehreren Lebensbereichen (Kindergarten/Schule, zu Hause, Freizeit) zeigt. ADHS kann auch ohne Hyperaktivität in Form von ADS oder als Mischform in Erscheinung treten. Sowohl bei ADS als auch bei ADHS handelt es sich um ein klar definiertes Krankheitsbild, das durch unterschiedliche Symptome des ADHS bzw. des ADS gekennzeichnet wird.

Aufmerksamkeit
Dabei können Eindrücke aus den Sinnesorganen sowohl bevorzugt weitergeleitet als auch zurückgewiesen werden. Ein Reiz wirkt aufmerksamkeitserregend, wenn er in besonderer Intensität bzw. Größe dargeboten wird oder durch Bewegung und Wiederholung gekennzeichnet ist. Engl.: attention

Begabung (endowment)
Allgemeine Bezeichnung für eine angeborene und entwicklungsfähige Veranlagung zu Überdurchschnittlichen Leistungen, z. B. in der Technik, Kunst, Musik, Sport usw.
Die Begabung wird von zwei Faktoren bestimmt:
1. von der ererbten Anlage,
2. von den Umwelteinflüssen, die die Entfaltung der Anlagen fördern oder hemmen können.

Durch optimale Bedingungen der Umwelt, z. B. durch systematische Schulung und durch persönliche Antriebe sowie Interessen, kann Begabung bis zu einer oberen Leistungsgrenze gesteigert werden.
Durch fehlende Reize aus der Umwelt und durch das Ausbleiben persönlicher Antriebe kann eine vorhandene Begabung verkümmern. Sie ist individuell sehr unterschiedlich, sowohl was die Leistungsobergrenze als auch den Bereich der Leistung (z. B. Sport) betrifft.
Die geistige Begabung bezeichnet man als Intelligenz.
Seit Beginn des 20. Jahrhunderts gibt es die Begabungsforschung. Ihre Hauptaufgabe liegt in der Erforschung der Intelligenz. Die gebräuchlichsten Hilfsmittel zur Feststellung von Begabung sind verschiedene Testverfahren.

Dyskalkulie
Dyskalkulie (Arithmasthenie/Rechenschwäche) ist eine Teilleistungsschwäche.
Teilleistungsschwächen werden definiert als umschriebene Ausfälle sehr unterschiedlicher Funktionen, die aus dem übrigen Leistungsniveau oder Entwicklungsstand eines Kindes herausfallen (vgl. Remschmidt, Dt. Ärzteblatt 88, 1991). Wie in den klinisch-diagnostischen Leitlinien der Internationalen Klassifikation psychischer Störungen der WHO betont wird, bildet sich die Dyskalkulie bei den ersten Schritten der Befassung mit der Mathematik heraus.
Im engeren Sinne ist mit Dyskalkulie ein mangelhaftes bis unzureichendes oder grundlegend verkehrtes Verständnis von Mengen und Größen, von Zahlen und mathematischen Operationen gemeint. Eine Dyskalkulie verursacht in der Regel bei den davon betroffenen Schulkindern eine Misserfolgsorientierung, Schulversagen und damit Entzug von Lebenschancen.
Arithmastheniker sind normal bis überdurchschnittlich intelligente Kinder, deren Leistungen in mathematischen Bereich erwartungswidrig niedrig ausfallen und bei denen alle herkömmlichen Formen des Übens und Nachhelfens keinen Erfolg zeitigen können.

Empathie (empathy)
Bezeichnung für das Verstehen und Nachvollziehen fremden Erlebens. Empathie spielt in der therapeutischen Situation (z. B. Psychotherapie) eine wichtige Rolle.
Bei entsprechender Einfühlung fühlen sich die Klienten verstanden und sehen sich so eher in der Lage, offen über sich selbst zu erzählen. Das einfühlende Verstehen findet zum

einen über die sprachliche Mitteilung statt, zum anderen über den spontanen Gefühlsausdruck und nichtsprachliche Signale.
In der psychologischen Praxis wird der Empathie eine erhebliche Rolle beigemessen wie z. B. in der Erziehungsberatung und Gesprächspsychotherapie.

Faktorenanalyse (factor analysis)
Bezeichnung für ein Verfahren, in dem mithilfe statistischer Methoden z. B. bestimmt werden kann, ob verschiedene Testleistungen auf einen oder aber mehrere gemeinsame Faktoren zurückgeführt werden kennen.
Unterschiedliche Testaufgaben weisen unterschiedlich hohe positive Korrelationen auf. Es wird daher angenommen, dass Tests nicht nur eine Fähigkeit prüfen, sondern dass an der Testleistung mehrere Faktoren beteiligt sind. Aus den Korrelationen der Leistungen untereinander lässt sich errechnen, wie viele Faktoren an der Gesamtheit der Leistungen beteiligt sind, welche Faktoren auf die einzelnen Aufgaben einwirken und in welchem Ausmaß jede Aufgabe mit ihren Faktoren geladen ist. Diese Berechnung geschieht mithilfe der Faktorenanalyse. Ein weiterer Anwendungsbereich der Faktorenanalyse ist die Suche nach Grunddimensionen des Verhaltens. Hierfür werden meist Fragebogen-Items korreliert und faktorenanalysiert.
Ein weiterer Anwendungsbereich der Faktorenanalyse.
Ziel der Faktorenanalyse ist es, aus dem Beobachtungsmaterial selbst allgemeine Grundkonzepte ableiten zu können, ohne dass diese von einer vorgefassten Lehrmeinung beeinflusst werden.

Förderdiagnose
Eine Förderdiagnose beschreibt einen *interaktiven Prozess* zwischen systemisch geschultem Fachpersonal und den hilfesuchenden Personen mit dem Ziel, die jeweils adäquate und optimale Hilfe ausfindig zu machen oder sie gemeinsam zu entwickeln. Grundsätzlich ist das Verfahren für all diejenigen interessant, die mit *Hilfeplänen* und *Förderplänen* arbeiten.

Hochbegabung
Begriffe im weiteren Sinn: Begabung, hohe Begabung, besondere Begabung, Genie, Sonderbegabung, hohe Intelligenz, hochintelligent, hochbegabt, Hochleistung, Teilleistungsstörung, Dyskalkulie, Legasthenie.
Beim Definieren dessen, was Hochbegabung ist, beschränkt man sich sehr häufig alleine auf die Messung der Intelligenz. Hochbegabung ist allerdings mehr als ein Intelligenztest, der verspricht, die Intelligenz mittels eines Intelligenzquotienten zu ermitteln.

Implizites Wissen und Intelligenz
Auch „stillschweigendes Wissen“. Wissen, das normalerweise nicht offen zum Ausdruck kommt oder dargestellt wird und das auch von keinem Lehrplan berücksichtigt wird. Wird von einem Menschen im Verlauf der Zeit durch den häufigen Umgang mit Problemen innerhalb eines bestimmten Tätigkeitsbereiches erworben. Die Kapazität zum Lernen und Informationen zu gebrauchen, außerdem: Potentielle geistige Fähigkeiten; das erfolgreiche Anpassen an unbekannte Umweltbedingungen; die Fähigkeit zur Lösung von Problemsituationen; das Messergebnis aus einem IQ-Test (Untersuchungen zufolge, ist Intelligenz nicht konstant). Es gibt viele Definitionen von Intelligenz, man konnte sich bis heute jedoch nicht auf DIE einzig richtige Definition einigen. Engl.: intelligence

Intelligenz (intelligence)
Der Begriff wird sehr unterschiedlich definiert. Allen Erklärungsversuchen gemeinsam ist, dass sie als wichtigstes Moment der Intelligenz die Fähigkeit bezeichnen, sich an neue Situationen anzupassen bzw. Aufgaben mithilfe des Denkens zu lösen.
W. Stern definiert Intelligenz als die Flexibilität des Denkens und die Fähigkeit zur Anpassung an die Erfordernisse neuer Situationen. Nach *Pauli* versteht man unter Intelligenz die Befähigung zu Leistungen, die unmittelbar in Denkvorgängen bestehen oder eng damit zusammenhängen.
Die Begriffe Intelligenz und Intellekt werden häufig gleichbedeutend verwendet. Die Intelli-

genz wird eher unter dem Mengenaspekt betrachtet (man kann mehr oder weniger Intelligenz haben), als Intellekt wird die besondere Denkfähigkeit des Menschen bezeichnet. Die Messung der Intelligenz geschieht mithilfe des sog. Intelligenztests. Alle Intelligenztests sind so angelegt, dass einzelne Intelligenzfaktoren durch eine Reihe von Aufgaben verschiedener Schwierigkeitsgrade gemessen werden. Intelligenzfaktoren sind z. B. Sprachverständnis, logisches Denken, Raumvorstellung, Wahrnehmungsgeschwindigkeit, Rechenfähigkeit und Gedächtnisleistungen. Je mehr Aufgaben innerhalb einer festgelegten Zeit gelöst werden, desto höher ist die Ausprägung des betreffenden Intelligenzfaktors. Auf diese Art lassen sich zwei Dinge erkennen:

1. der Gesamtintelligenzquotient (IQ), der angibt, welchen Rangplatz die Person innerhalb der Vergleichsgruppe einnimmt;
2. das Intelligenzprofil, das einzelne Stärken und Schwächen der Intelligenz erkennen lässt.

Intelligenz-Tests (IQ-Tests)
Verfahren zur Berechnung des IQ. Der IQ-Test basiert auf mehreren Tests, u. a. dem Stanford-Binet-Test und der Wechsler-Skala. Sie umfassen verschiedene Bereiche wie A Sprachfähigkeit, mathematische Fähigkeit, Intelligenzleistung und räumliches Denken. Die IQ-Tests sind eher für konvergent (eine Lösung) als für divergent (mehrere Lösungen) denkende Menschen gemacht.

Korrelationskoeffizient
Die Korrelation liefert ein Maß für den Zusammenhang zwischen zwei Merkmalen. Konkret werden bei Versuchspersonen zwei Merkmale gemessen (z. B. Intelligenz und Schulleistungen oder Angst und Schulleistung). Die daraus entstehenden beiden Messwertreihen werden miteinander in Beziehung gesetzt und daraus der Korrelationskoeffizient berechnet.
Der Korrelationskoeffizient kann einen Wert von –1 bis +1 annehmen:

- Der Wert +1 bedeutet einen vollständigen und positiven Zusammenhang zwischen den zwei gemessenen Merkmalen (Beispiel: Je höher die Intelligenz, desto besser die Schulleistung).
- Der Wert –1 bedeutet einen vollständigen und negativen Zusammenhang zwischen den zwei gemessenen Merkmalen (Beispiel: Je höher die Angst, desto schlechter die Schulleistung).
- Der Wert 0 besagt, dass zwischen den beiden gemessenen Merkmalen keinerlei Zusammenhang besteht.

In der Regel liegen die Korrelationskoeffizienten zwischen 0 und ±1. Sie werden wie folgt interpretiert:
0 kein Zusammenhang
0 bis ±.4 schwacher Zusammenhang
±.4 bis ±.7 mittlerer Zusammenhang
±.7 bis ±.9 hoher Zusammenhang
±1.0 vollständiger Zusammenhang
Die Korrelation zwischen zwei Merkmalen beschreibt lediglich einen statistischen Zusammenhang, stellt aber nicht notwendigerweise eine kausale Erklärung das. Aussagen über ein Ursache-Wirkungs-Verhältnis sind allein auf Grund einer hohen Korrelation also unzulässig. Ein hoher Korrelationskoeffizient zwischen Intelligenz und Schulleistung besagt also nicht, dass hohe Intelligenz meist auch bessere Schulleistungen erzielen. So könnte auch eine dritte, nicht gemessene Variable für das Zustandekommen des Zusammenhangs verantwortlich sein.

Lese-Rechtschreib-Schwäche (LRS)/Legasthenie
Unter einer Lese-Rechtschreib-Schwäche versteht man üblicherweise eine Teilleistungsschwäche, bei der der Intelligenzquotient eines Kindes mindestens 85 beträgt und seine Leistung in einem standardisierten Rechtschreibtest von höchstens 10 % aller Kinder des betreffenden Altersjahrgangs unterboten wird (Prozentrang 10). Genauer spricht man in diesem Fall von einer umschriebenen Lese-Rechtschreib-Schwäche und unterscheidet

diese von einer allgemeinen Lese-Rechtschreib-Schwäche, bei der neben den Schwierigkeiten beim Lesen- und Schreibenlernen auch Probleme in anderen Schulfächern bestehen und ein insgesamt niedriges Intelligenzniveau vorliegt. Dabei sind natürlich andere Ursachen wie eine Seh- oder Hörschwäche, neurologische Ursachen oder eine unzureichende Beschulung auszuschließen.

Lernen und Lernstörungen
Synonyme im weiteren Sinne
Probleme beim Lernen, Schwierigkeiten beim Lernen, Lernschwächen, Lernangst, Versagensangst, Dyskalkulie, Rechenschwäche, Legasthenie, Lese-Rechtschreibschwäche
Lernen stellt die allgemeine Bezeichnung dar für Prozesse, die zu einer Verhaltensänderung durch Erfahrung führen. Während einige Lernprozesse konditioniert werden können, spielt das Imitationslernen (Lernen durch Nachahmung) eine wesentliche Rolle. Lernen ist vor allem aber auch ein kognitiver Prozess, der bewusst und einsichtig vollzogen wird. Unter Lernstörungen verstehen wir primär jene Probleme, die im Rahmen des kognitiven Prozesses auftreten.
Teilleistungsschwächen (Legasthenie, Dyskalkulie), Konzentrationsprobleme, ADS/ADHS können vielschichtig sein und vor allen Dingen unterschiedlichste Ursachen haben. Durch die sekundäre Symptomatik, die Lernprobleme mit sich ziehen können (geringe Frustrationstoleranz, mangelndes Selbstbewusstsein bis hin zu Depressionen und Verhaltensauffälligkeiten...), treten weitere Schwierigkeiten auf.

Normalverteilung (normal distribution curve)
Begriff aus der Statistik, der die Verteilung eines Merkmals (z. B. Körpergröße) mathematisch beschreibt.
Bei einer großen Anzahl von (z. B. biologischen oder psychologischen) Messungen treten bestimmte Messwerte sehr häufig und andere wiederum sehr selten auf. Im Normalfall treten mittlere Messwerte am häufigsten und extreme Messwerte am seltensten auf. Trägt man in einem Koordinatensystem auf der Abzisse (x-Achse) die Messzahlen ein und auf der Ordinate (y-Achse) die Häufigkeit, so häufen sich im Normalfall die Messwerte im mittleren Bereich und nehmen mit Entfernung vom Mittelwert symmetrisch ab. Es entsteht eine glockenförmige Kurve, die eingipflig und symmetrisch verläuft.
Auch: Gauß-Verteilung, Gauß-Kurve, Glockenkurve

Objektivität (objectivity)
Allgemeine Bezeichnung für die Tendenz, die Wirklichkeit sachlich zu beurteilen und sich an vorhandenen Daten oder Fakten zu orientieren.
In der Testpsychologie versteht man unter Objektivität das Ausmaß, in dem ein Testergebnis in Durchführung, Auswertung und Interpretation vom Testleiter nicht beeinflusst werden kann, bzw. wenn mehrere Testauswerter zu übereinstimmenden Ergebnissen kommen. Objektivität ist eines der drei Gütekriterien für psychologische Tests (siehe Validität, Reliabilität).

Phonologische Bewusstheit
Unter phonologischer Bewusstheit versteht man die Fähigkeit, die Aufmerksamkeit auf die formalen Eigenschaften der gesprochenen Sprache zu lenken, z. B. auf den Klang der Wörter beim Reimen, auf Wörter als Teile von Sätzen, auf Silben als Teile von Wörtern und letztendlich vor allem auf die einzelnen Laute der gesprochenen Wörter.
Die Unterscheidung der phonologischen Bewusstheit im weiteren Sinne von der phonologischen Bewusstheit im engeren Sinne (Skowronek & Marx, 1989) bringt Klarheit.

Phonemanalyse und Phonemsynthese
Unter Phonemanalyse versteht man das Zerlegen eines Wortes in seine einzelnen Laute; die Phonemsynthese ist das Zusammenziehen von Einzellauten zu einem ganzen Wort. Die Phonemsynthese fällt den Kindern in der Regel leichter als die Phonemanalyse. Wissenschaftliche Untersuchungen haben gezeigt, dass die Phonemsynthese und -analyse die kritischen Voraussetzungen für das Lesen- und Schreibenlernen sind.

Operationalisierung
Operationalisierung nennt man den Vorgang, durch den ein bestimmter, begrifflich bezeichneter Sachverhalt durch Angabe von präzisen Messvorschriften messbar gemacht wird (z. B. der Begriff „Intelligenz“ durch das Ergebnis eines Intelligenztests).

Praktische Intelligenz
Das Erkennen von Wirkungszusammenhängen, und die Fähigkeit zur erfolgreichen Lösung von Problemen in Alltagssituationen (häufig durch Erfahrungswerte entwickelt, darunter können motorische, soziale, sprachliche oder musikalische Fähigkeiten oder Formen von Intelligenz zusammengefasst werden).

Prozentrang
Stellen Sie sich 100 unterschiedlich große Menschen der Größe nach von links nach rechts aufsteigend geordnet vor. Der kleinste in dieser Reihe hat nun den Prozentrang PR = 1, der größte den PR = l00. Derjenige mit dem Prozentrang von 50 ist größer als die 49 vor ihm und kleiner als die 51 nach ihm in der Reihe. Der Prozentrang sagt uns also etwas über den *Rang* oder die *Stellung*, die jemand in einer bestimmten Stichprobe einnimmt – und nicht, wie groß jemand ist.
Wie man sieht, kann man den Prozentrang sehr schon und klar verstehen. Das Wort *Rang* hat hier auch seine wichtige Bedeutung. Aus dem *Rang* oder der Stellung in der Stichprobe erfahren wir nämlich nicht, wie stark oder wie sehr die Unterschiede sind, wir erhalten nur eine Ranginformation vom Typ, mehr, weniger oder größer, kleiner. Es ist also möglich, dass zwei nahe beieinander liegende Testwerte weit auseinanderliegende Prozentränge aufweisen ebenso wie, dass zwei weiter auseinanderliegende Testwerte nahe beieinander liegende Prozentränge zeigen.
Der Prozentrang ist ein außerordentlich nützliches und unmittelbar verständliches statistisches *Rang-Maß*. Er gibt die relative Stellung an, die man bezüglich eines bestimmten Merkmals in einer Vergleichs- oder Bezugsgruppe einnimmt. Daher ist eine Prozentrang-Angabe ohne Nennung der Vergleichs- oder Bezugsgruppe wenig sinnvoll.
Begriffsumfeld Prozentrang
Häufigkeit, relative Häufigkeit, Häufigkeitsverteilung, Quartil, 1. Quartil, 3. Quartil, Median, Modalwert, Percentil, Normen, Flächennorm, T-Werte (McGall), Transformation, Ausprägung, Rohwerte, Rang, Verteilung.
Testpsychologische Interpretation
Der Prozentrang PR gibt an, welche Rangposition ein Proband in einer Bezugs-Stichprobe einnimmt. Ein PR = 50 bedeutet im allgemeinen (hochgerechnet), sofern die Stichprobe und die Feindifferenzierung der Werte groß genug sind, dass jemand mit seinem Testwert 49 % der Stichprobe übertrifft und selbst von 50 % übertroffen wird. Als statistischen Durchschnittsbereich zählt man gewöhnlich die mittleren 50 Prozent, also den Bereich 25 < = PR < = 75. Der PR = 25 hat den Namen „1. *Quartil*“, der PR = 50 heißt *Median* und PR = 75 heißt 3. *Quartil*.
Prozentrangnormen sind vernünftige und unmittelbar nachvollziehbare Ausprägungs-Normen. Vereinfacht kann man sagen: wer viele Aufgaben im Sinne des Merkmals löst, verfügt über viel Ausprägung des Merkmals.

Querschnittuntersuchung (cross-section study)
Bezeichnung für eine Untersuchungsmethode, in der Einzelpersonen aus verschiedenen Altersgruppen einmal zu einem bestimmten Zeitpunkt untersucht werden. Beispiel: Große Gruppen von Kindern verschiedenen Alters aus unterschiedlichen sozialen Schichten werden hinsichtlich ihrer Leistungsfähigkeit in Abhängigkeit von ihrem Alter untersucht. Die gewonnenen Durchschnittswerte werden miteinander verglichen.

Reliabilität (reliability)
Die Reliabilität ist neben der Objektivität und der Validität eines der Hauptgütekriterien psychodiagnostischer Instrumente. Die Reliabilität gibt die Zuverlässigkeit einer Messmethode an. Ein Test wird dann als reliabel bezeichnet, wenn es bei einer Wiederholung der Messung unter denselben Bedingungen und an denselben Gegenständen zu denselben

Ergebnis kommt.
Die Reliabilität eines Tests lässt sich u. a. durch eine Testwiederholung (Retest-Methode) oder einen anderen, gleichwertigen Test ermitteln. Das Maß der Reliabilität ist der Reliabilitätskoeffizient und definiert sich aus der Korrelation der beiden Testungen (r_{tt}).

Testtheorie (test theory)
Bezeichnung für ein Teilgebiet der Messtheorie, das sich mit den differentialpsychologischen Messproblemen beschäftigt. Die Testtheorie ist ein mathematisch formuliertes System von Aussagen über die Abhängigkeit der Lösung (bzw. Beantwortung) von Testaufgaben von den Merkmalen der Testaufgaben (z. B. schwierig), von den Eigenschaften der Personen, die die Aufgaben lösen (z. B. Intelligenz) und von den Situationsbedingungen (z. B. Beleuchtung).

Validität (validity)
Bezeichnung für das wichtigste Testgütekriterium. Die Validität gibt den Grad der Genauigkeit an, mit dem ein Testverfahren das misst, was es messen soll (z. B. Persönlichkeitsmerkmale oder Verhaltensweisen).
Die Überprüfung der Gültigkeit wird mithilfe der Korrelation mit einem Außenkriterium vorgenommen.
Beispiel: Ein Test soll Depression messen. Diesen Test wendet man bei Personen an, die nachweislich eine Depression haben. Dann wird geprüft, wie genau diese Testergebnisse mit anderweitig ermittelten Bewertungen übereinstimmen (z. B. mit der Einschätzung von Psychotherapeuten).

Verhaltensforschung (behavior research)
Die Verhaltensforschung ist ein Forschungsbereich der Biologie und wurde von Konrad Lorenz begründet. Sie befasst sich mit dem objektiv (siehe Objektivität) beobachtbaren Verhalten von Tieren. Dazu gehören die stammesgeschichtlich erworbenen und vererbten Anpassungsmechanismen und deren physiologische Grundlagen. Die Verhaltensforschung erforscht die Auseinandersetzung der Tiere mit der Umwelt und den Artgenossen. Mithilfe der gewonnenen Einsichten über das tierische Verhalten versucht man, das menschliche Verhalten zu erklären. In der allgemeinen Verhaltensforschung werden insbesondere die stofflichen Grundlagen des Verhaltens untersucht.
Beispiel: Sinnesorgane, Nervenzellen usw.
In der speziellen Verhaltensforschung wird ein bestimmtes Verhalten der Tiere erforscht.
Beispiel: Brutpflege, Nestbau, Nahrungssuche usw.
Unter Humanethologie versteht man das Teilgebiet der vergleichenden Verhaltensforschung, das sich mit dem Menschen und dessen angeborenen Verhaltensmustern sowie deren Wirkungen beschäftigt.

Verhaltenstherapie (behavior therapy)
Bezeichnung für eine Psychotherapieform, die um 1950 von H. J. Eysenck und Mitarbeitern am Maudsley-Hospital (London) entwickelt wurde.
Die Verhaltenstherapie entstand auf den Grundlagen und Erkenntnissen der Lerntheorie (siehe Lernen) und umfasst eine Reihe verschiedener Techniken, die jedoch alle den gleichen Hintergrund haben: Die Zentrierung auf das Symptom, das verändert werden soll. Die Verhaltenstherapie geht davon aus, dass psychische Störungen, z. B. Neurosen, fehlerhaft vollzogene Anpassungsleistungen des Menschen sind.
Unangepasstes Verhalten wiederum ist gelernt, so dass die Ursache des Symptoms bei der Behandlung keine Rolle spielt. Vielmehr geht es in der Verhaltenstherapie darum, durch gezielte Lernhilfen die vorhandene Störung abzubauen. Diese Symptombehandlung erfolgt durch Neulernen, Umlernen oder Verlernen.
Die Verhaltenstherapie umfasst verschiedene Therapieverfahren, die je nach Symptom eingesetzt werden: Desensibilisierung, Aversionstherapie, Token-Verstärkungssystem, Selbstsicherheitstraining, Reizüberflutung, Gedankenstopp usw.
Anwendungsbereiche sind u. a.: Angstzustände, Zwangsvorstellungen, Phobien, Sprachstörungen, Bettnässen.

10. Förderprogramme

Aus dem Wort Förderdiagnose lässt sich ableiten, dass nach einer Diagnose die entsprechende Förderung erfolgen soll. Nun gibt es eine Menge von Angeboten, die den Förderer vor die schwere Aufgabe stellen, das richtige Programm auszuwählen. Es gibt Förderangebote, die weder helfen, aber auch nicht schaden. Es wird nicht gefördert, sondern nur beschäftigt. Der Autor stellt einige Programme vor, die qualitativ ansprechend sind und in der Förderung zu guten Ergebnissen führten.

1. Lernsoftware

- RICHTIG LESEN LERNEN: celeco Übungsset für Legasthenie und andere Lesestörungen – www.celeco.com
- Der Neue Karolus: Lernsoftware zum Kieler Leseaufbau und Kieler Rechtschreibaufbau, Veris Verlag
- Labyrinth der Wörter: Rechtschreibschwächen erkennen und ausgleichen CD-ROM von Sigmeta
- Labyrinth der Zahlen: Rechenschwächen erkennen und behandeln CD-ROM von Sigmeta

2. Lautgetreue Lese-Rechtschreibförderung von Carola Reuter-Liehr
Band 1: *Eine Einführung in das strategiegeleitete Lernen zum Training von Phonemstufen auf der Basis des rhythmischen Syllabierens* (234 Seiten)
Dieses Buch liefert die Darstellung des Gesamtkonzeptes des Rechtschreibtrainings auf der Basis der rhythmischen Silbengliederung sowie die Erläuterung und Begründung aller in den Übungen eingesetzten pädagogisch-didaktischen Verfahren und eine Darstellung des Forschungsprojektes zur Überprüfung der Effektsicherung mit seinen Gesamtergebnissen.
Außerdem führt es in die Fehleranalyse ein: An Beispielen wird gezeigt, wie mithilfe des Auswertungsbogens die Rechtschreibfehler u. a. nach Phonem-, Regel- und Speicherfehlern differenziert werden können. So kann eine Lernstandsbestimmung durchgeführt werden, die Grundlage für die Zusammenstellung von Lerngruppen und die Therapieplanung ist. Vertiefende Erläuterungen zu den einzelnen Elementen der Förderstunden und Hinweise zu den in der Praxis gewonnenen Erfahrungen geben ein solides Fundament für die tägliche Arbeit.
Band 2: Elementartraining
Lautgetreues Lese- und Schreibmaterial mit Wörtern, zusammengesetzt aus den Vokalen a, e, i, o, u, den Diphthongen au, ei, eu, den Umlauten ä, ö, ü und den Dauerkonsonanten m, l, s, n, f, r, w, sch, ohne Konsonantenhäufung innerhalb einer Silbe (364 Blätter, davon 232 vierfarbig bedruckt). Zur Durchführung der Übungen wird Band 5 zusätzlich benötigt.
Band 3: Lerngruppe I: 40 exakte Stundenabläufe je 90 Minuten für die Förderung ab Mitte 3. Klasse
Enthält auf 297 Blättern 40 Übungsstunden zu 90 Minuten der Lerngruppe I. Die Materialien können ab Mitte 3. Klasse und bei Kindern höherer Klassenstufen mit ausgeprägten Lese-Rechtschreibproblemen eingesetzt werden. Zur Durchführung der Übungen wird Band 5 zusätzlich benötigt.
Band 4: Lerngruppe II: 30 exakte Stundenabläufe je 90 Minuten für die Förderung ab 5. Klasse
Enthält auf 232 Blättern 30 Übungsstunden zu 90 Minuten. Die Übungen eignen sich ab der 5. Klasse. Zur Durchführung der Übungen wird Band 5 zusätzlich benötigt
Band 5: Das Lernspiel
Spiel-Spirale mit Spielbrett, 240 Spielkarten und Spielsteinen.

3. Das Marburger Rechtschreibtraining von Gerd Schulte-Körne und Frank Mathwig
Ein regelgeleitetes Förderprogramm für rechtschreibschwache Kinder, 2007.
3. Durchgesehene Auflage, 305 Seiten, 21 x 29,7 cm im Ringordner, 89,50 Euro.
ISBN 978-3-89911-100-2, Best.-Nr. 10021000.
Das in bisher zwei publizierten Evaluationsstudien vorgestellte *Marburger Rechtschreib-*

training stellt mit einem Grundgerüst von acht Regeln in zwölf Kapiteln Lösungsalgorithmen für die wichtigsten Rechtschreibprobleme bereit.
Die mehrfarbig illustrierten Lerneinheiten, deren Figuren in allen Kapiteln wiederkehren und so das Kind durch den gesamten Kurs begleiten, behandeln jeweils ein Rechtschreibproblem. Sie enden mit einer Erfolgskontrolle in Form eines Lücken- oder Satzdiktates. Zusätzlich zu den Lern- und Übungsabschnitten werden Materialien wie Lern- und Regelkarten angeboten.
In den Anleitungen zu den einzelnen Lernbereichen werden Schwierigkeiten besprochen und mögliche Erweiterungen oder Abänderungen vorgestellt. Dies flexibilisiert das Training, dessen Einheiten durch Wiederholungsübungen bereits abgeschlossener Themen aufeinander aufbauen, auch für den Einsatz als Schwerpunkttraining für umgrenzte Rechtschreibprobleme.
Die verwendeten Wörter, die in einem Wortindex zusammengefasst sind, wurden dem Corpus für zweite und dritte Klassen des Grundwortschatzes von Pregel und Rickheit entnommen.
Das Marburger Rechtschreibtraining eignet sich außer für die schulische und außerschulische Förderung für das Üben von Eltern mit ihren Kindern. Es ist in der Einzelförderung und für Kleingruppen einsetzbar.

Inhaltsübersicht

Kapitel 1: Selbstlaute
Unterscheidung von lang und kurz gesprochenem Selbstlaut

Kapitel 2: Mitlaute
Unterscheidung von Selbst- und Mitlauten

Kapitel 3: Mitlautverdoppelung
Unterscheidung von zwei gleichen und zwei verschiedenen Mitlauten, Regel zur Mitlautverdoppelung

Kapitel 4: Hauptwörter, Groß- und Kleinschreibung
Hauptwörter erkennen, Groß- und Kleinschreibung, Wortstamm erkennen und schreiben, Schreibung von Wortendungen

Kapitel 5: Zusammengesetzte Hauptwörter, Wortanfang
Einführung von zusammengesetzten Hauptwörtern, Einführung der Umlaute, Einführung der Vorsilben

Kapitel 6: Tuwörter
Einführung von Tuwörter, Schreibung der Endungen von Tuwörtern

Kapitel 7: Das stumme h
Regel zur Schreibung des stummen h, Einführung der Wiewörter

Kapitel 8: Ausnahmen von der Regel zum stummen h
Ausnahmen von der Regel zum stummen h, Wiederholung der Regel zum stummen h, Wiederholungen der Regeln zu lang und kurz gesprochenem Selbstlaut

Kapitel 9: Dehnungs-e
Regeln zum lang gesprochenen Selbstlaut i und Dehnungs-e

Kapitel 10: Selbstlaute trennendes h
Selbstlaute trennendes h in Tuwörtern, Regel zu Selbstlautpaaren

Kapitel 11: Umlaute
Schreibung gleich klingender Umlaute bei Haupt-, Tu- und bei Wiewörtern

Kapitel 12: Auslaute
Schreibung von Auslauten bei; Haupt-, Tu- und bei Wiewörtern

4. Förderprogramme Deutsch und Mathematik in der Grund- und Förderschule

Programm: Lernserver – Interaktive Rechtschreibdiagnostik
Verlag/Preis: www.lernserver.de; zwischen 40,– und 25,– Euro für Testbögen, Auswertung und Fördermaterial (je nach Benutzeranzahl)
Beschreibung:
Der Lernserver ist ein computergestütztes, flexibles Lernsystem, mit dessen Hilfe es möglich ist, den konkreten Unterstützungsbedarf einzelner Kinder in Sachen Rechtschreibung zu ermitteln. Die Ergebnisse dieser Diagnose werden den Lehrern in Form eines präzisen Leistungsprofils rückgemeldet. Vor allem aber erhalten die Lehrkräfte darauf aufbauend für einzelne Kinder wie für Klassen oder Fördergruppen maßgeschneiderte Fördermaterialien, Spiele und Unterrichtsentwürfe. Abgerundet wird das Angebot durch eine breite Fortbildungspalette. Inhalte: – Differenzierte, praxisorientierte Diagnose der Rechtschreibkompetenzen der Schüler – Detailliertes Aufschlüsseln der Stärken und Schwächen jedes Schülers (zur Zeit auf Basis von 182 Förderkategorien) – Vorschlag für einen auf das Kind zugeschnittenen Förderverlauf – Ein umfangreiches Förderpaket, optimiert für das einzelne Kind – Fördermaterial, zugeschnitten auf frei definierbare Klassen oder homogene Fördergruppen (neu!) – Praxiserprobte Unterrichts-Entwürfe (neu!) – Material für Eltern zur gezielten Unterstützung ihrer Kinder
Unterrichtsbeispiel: – Bearbeitung der Testbögen im Klassenunterricht – Eingabe der Testergebnisse online durch die Lehrer – Online-Diagnose mit Rückmeldung der Förderschwerpunkte – Bearbeitung der Fördermaterialien in Unterrichtsformen der inneren Differenzierung (z. B. Integration in Wochenpläne) bzw. im Förderunterricht

Programm: GUT 1
Verlag/Preis: Computer + Lernen; Im Moment kostenlose Versionen erhältlich. Demo downloadbar http://www.comundlern.de; EL 40,– Euro
Beschreibung: Vorteile: Übungsprogramm für den Rechtschreibbereich der Klasse 2 bis 6. Verschiedene Hilfestufen und individuelle Hilfestellungen für Schüler werden angeboten. Verschiedene Rechtschreibphänomene können auf unterschiedlichen Schwierigkeitsstufen geübt werden. Nachteile: – umfangreiche Animationen, die zeitaufwändig sind und die Kinder vom Lernen ablenken – Grundwortschatz ist vorgegeben, kann nur über einen eigens zu erwerbenden Editor ergänzt werden.
Fazit: Programm insgesamt überaltert, nicht mehr auf dem heutigen Stand.

Programm: Uni-Wort
Verlag/Preis: Eugen-Träger-Verlag; http://www.etverlag.de; EL 49,90 Euro Schullizenz 149,– Euro
Beschreibung: Vorteile: sehr umfangreiche Einstellungsmöglichkeiten; – individuelle auf Schüler bezogene Optionen – umfangreiche Lernformate – Übungen und Texte vom Lehrer editierbar – Zahlreiche Hilfemöglichkeiten für den Schüler (Vorlesen lassen, Worteinblendungen etc.) – Diagnose der Fehler möglich Nachteil: – erfordert viel Einarbeitungszeit – erfordert ständige Einsatz, um praktikabel zu sein Fazit: durchaus empfehlenswert
Unterrichtsbeispiel: Einsatz in Einzelförderung und kleinen Gruppen im Förderunterricht nach Abschluss des Leselehrgangs zum Schriftspracherwerb, Verbesserung der Lese- bzw. Rechtschreibfähigkeit. Bei Schwächen in der Rechtschreibung/Lautdiskriminierung Themen wie Konsonantendoppelung/Konsonant – Vokal-Silben/Signalgruppen/Groß- und Kleinschreibung/Verwechslungen bei Wortenden b-p, d-t, g-k. Unterstützend bei Sprachdefiziten durch akustische und visuelle Darbietung der Wörter. Für den Unterricht in der Schule für Geistigbehinderte können Wortbilder mithilfe des Editors individuell auf die Leistungsfähigkeit des Schülers erstellt und angepasst werden. Vorschläge: Lesefertigkeit mit Greifspiel Rechtschreibung d-t usw.

Programm: Gleich oder Ungleich
Verlag/Preis: www.koehlersoftware.de/Demo.exe; EL 44,– Euro Schullizenz 123,– Euro;
Beschreibung: Gleich oder ungleich ist ein Programm zum Überprüfen und Trainieren der visuellen Grundlagen der Mathematik, z. B. beim Erkennen von Mengen, Formen und Symmetrien, aber auch für die Entwicklung des Zahlenverständnisses. Gleich oder ungleich

enthält zahlreiche Übungen aus den folgenden Bereichen: – Visuelle Differenzierung (allg. Übungen mit Tieren, Buchstaben, Figuren und Farben) – Figur-Grund-Wahrnehmung – Formen und Formkonstanz – Lage und Raum (Raumlage, Symmetrie, Links-Rechts-Orientierung, Räumliche Orientierung) – Mengen und Zahlen
Vergleiche – Einsatz im Förderunterricht (kleine Gruppen, Schuleingangsphase, besonders in Formen der äußeren Differenzierung) – nicht geeignet als differenzierte Aufgabenstellung zur selbstständigen Arbeit – Lehrer als Ansprechpartner sollten das Training in der Kennlernphase begleiten – Möglichkeit, Defizite bei den basalen Fähigkeiten im Bereich Wahrnehmung individuell zu überprüfen und zu trainieren – Möglichkeit, Testergebnisse der Schuleingangsdiagnostik aufzugreifen und gezielt Lernfortschritte zu initiieren – Ergebnisse können zur Fortführung von Förderplänen in Form von Fehlerdiagnosen protokolliert und ausgedruckt werden

Programm: Cesar Rechnen 1
Verlag/Preis: CES Verlag; EL: 99,50 Euro; KL: 399,– Euro
Beschreibung: Vermittlung mathematischer Grundfertigkeiten, nach Herstellerangaben geeignet für Vorschule bis Klasse 2, unseres Erachtens nach eher geeignet ab Klasse 2: ansprechende Grafik, 16 Lernspiele, aufgeteilt in die drei Bereiche Wahrnehmung, erstes Rechnen und Sachaufgaben. Beispiele: ein Spiel gegen den schlauen Fuchs fördert das Erfassen von Mengen und das Konzentrationsvermögen. Additions - und Subtraktionsaufgaben werden gelöst, wenn die Kinder den Ameisen beim Bauen von Häusern helfen. Diverse einstellbare Optionen (Zahlenraum, Rechenoperation) unterstützen jedes Kind individuell. Konzeptionen und Navigation nicht immer klar, Übungen erfordern große Geschicklichkeit im Umgang mit der Maus. Sehr teuer!
Unterrichtsbeispiel: Eher geeignet zur individuellen Förderung in den Bereichen Grundrechenarten und Wahrnehmung.

Programm: Unizahl
Verlag/Preis: Eugen Traeger Verlag; http://www.etverlag.de
Beschreibung: Übungsprogramm für die Grundrechenarten, Kopfrechnen nach Ansage oder als geschriebene Aufgabe; schriftliches Rechnen bis zur Division durch zweistellige Zahlen, auch mit Rest; eigene Übungsaufgaben können relativ einfach editiert werden; Greifspiel (spielerische Variante des Kopfrechnens) ist sehr zäh zu spielen; motivierender Charakter erscheint zweifelhaft; Einarbeitung des Lehrers ohne Anleitung nicht intuitiv möglich; zahlreiche Einstellungsmöglichkeiten für die einzelnen Übungsformen vorhanden; nicht korrekt gelöste Aufgaben werden in einer Lernkartei gespeichert und können als AB ausgedruckt bzw. erneut aufgerufen werden (wie Lernkartei), jedoch keine explizite Fehlerdiagnose; Hilfen sind abrufbar (Hunderterfeld, Joker usw.); falsche Ergebnisse werden nicht angenommen; relativ große Übungskarteien (80 Aufgaben); Lernzeit auf 10 Minuten einstellbar
Unterrichtsbeispiel: Übungsphasen im Mathematikunterricht bis Klasse 6, Kopfrechnen; keine Erarbeitung von Rechenoperationen

Programm: Lernwerkstatt Sek 1 „Bruchrechnen"
Verlag/Preis: Medienwerkstatt Mühlacker, 99,– Euro; www.medienwerkstattonline.de
Beschreibung: Bruchkreise – Anhand einer bildlichen Darstellung (ein oder mehrere Bruchkreise) muss der dazu gehörige Bruch bestimmt werden. Der Schwierigkeitsgrad ist einstellbar. Schwierige, weil längere Brüche (z. B. 7 $^{5}/_{12}$) bilden die höchste Schwierigkeitsstufe. Anmerkung: Für den Einstieg in das Thema kann die Übung eine sehr sinnvolle Ergänzung sein. Brüche einordnen – Eine gemischte Zahl (z. B. ¾) soll auf einem Zahlenstrahl eingeordnet werden. Der Schwierigkeitsgrad ist einstellbar, im höchsten Schwierigkeitsgrad müssen komplizierte Brüche eingeordnet werden. Brüche schätzen – Mittels eines Balkens muss ein Bruchkreis eingefärbt werden. Der angegebene Bruch soll möglichst genau geschätzt werden. Im höchsten Schwierigkeitsgrad ist nur eine sehr geringe Abweichung erlaubt. Anmerkung: Eine sehr schwierige, aber sinnvolle Übung. Insbesondere die Verknüpfung von Bruch und Dezimalbruch kann hier verdeutlicht werden. Brüche kürzen/Brüche erweitern. Eine bekannte Standardübung. Ein vorgegebener Bruch

muss mit einer vorgegebenen Zahl gekürzt werden. Im hohen Schwierigkeitsgrad muss ein dreistelliger Bruch mehrfach hintereinander gekürzt werden. Die Übungen zum Erweitern der Brüche sind ebenfalls stark gestuft. Anmerkung: Zwei stark gestufte, sehr sinnvolle Übungen. Auch für sehr starke Schüler ist ein anspruchsvolles Üben möglich. Brüche addieren/subtrahieren/multiplizieren/dividieren. Die Grundrechenarten im Bruchrechnen werden abgedeckt. Bekannte Übungen, mit wiederum stark gestuften Aufgaben. Anmerkung: – Sinnvolle, ergänzende Übungen. Die sehr wichtige, spezifische Hilfefunktion fehlt völlig. *Unterrichtsbeispiel:* Gesichtspunkt Fördersoftware; Einsatz als Schulsoftware

Programm: Lernwerkstatt Sek 1 „Geometrie“
Verlag/Preis: www.medienwerkstatt-online.de; Lernwerkstatt 6
Beschreibung: Flächen färben – Ein rechteckiges Feld muss entsprechend der Vorgaben (m_2) farbig eingefärbt werden. Die Restfläche muss ausgerechnet und eingetragen werden. Anmerkung: Nicht ganz leichte Übung, Verbindung der ikonischen Ebene (Flächen färben) und der symbolischen Ebene (Restfläche auszählen oder ausrechnen). Eine sinnvolle Ergänzung für den Unterricht. Punkte im Koordinatensystem – Im bekannten Koordinatenfeld müssen Punkte eingezeichnet werden. Alle 4 Felder (auch die negativen Zahlen) werden berücksichtigt. Im untersten Schwierigkeitsgrad werden ausschließlich positive Zahlen benutzt. Anmerkung: Kann als zusätzliche Übung die Orientierung im Koordinatenfeld trainieren. Geraden im Koordinatensystem – Einfache Geraden (z. B. $y = 3x + 2$) sollen im Koordinatensystem eingetragen werden. Die Gleichungen für die Geraden werden im höheren Schwierigkeitsgrad schwieriger (Dezimalbrüche). Anmerkung: Eine sehr wichtige Hilfestellung wird nicht gegeben. Ansonsten eine sinnvolle, ergänzende Übung für den höheren Geometrieunterricht
Unterrichtsbeispiel: Gesichtspunkt Fördersoftware; Einsatz als Schulsoftware

Programm: Fit in Mathe 1. Klasse
Verlag/Preis: EL 24,95 Euro, SL 139,– Euro; KHS-web.de
Beschreibung: Es umfasst 18 Lernbausteine mit über 120 Übungstypen, die den Lernstoff komplett abdecken: Zahlen erkennen, Nachbarzahlen, Zwanzigerfeld, Schüttelbox, Zahlenfolgen, Rechenpyramiden, Rechendreieck, Verdoppeln, Halbieren, Zahlenhäuser, Schnellrechnen, Zahlenstrahl, Spiegelbilder, Flächenformen, Rechengeschichten, Cent, Euro, Uhrzeiten, Orientierung (rechts, links, oben, unten...). Für jeden Lernbaustein lassen sich die Zahlenbereiche 1–10 und 0–20 sowie vier Schwierigkeitsgrade frei einstellen. Damit lässt sich der Lernschwerpunkt entsprechend dem Leistungsstand auswählen. Motivierende Animationen und zahlreiche Bilder bieten eine ansprechende Lernumgebung. Das Lernprogramm ist voll vertont.
Unterrichtsbeispiel: Lernsoftware nach aktuellen Lehrplänen GS: Der Lernschwerpunkt lässt sich entsprechend dem Leistungsstand auswählen (Lernstoff siehe nebenstehend). Nach kurzer Einführung einfache Handhabung mit kindgerechter, nicht hektischer Animation, einfacher Navigation, Fehlerrückmeldung, Lösungshilfen, Bearbeitungsstand. Geeignet zum unterrichtsbegleitenden Üben, für die Differenzierung im Unterricht, im Förderunterricht. Vorschlag: Zerlegen

Programm: Mathearbeit G
Verlag/Preis: http://www.mathearbeit.de/
Beschreibung: Sehr umfangreiches Programm zum Erstellen von Arbeitsblättern und Mathetests; verschiedene vielfältige Aufgabentypen möglich; Lösungen können in verschiedenen Varianten eingeblendet werden; Texte können eingefügt werden; verschiedene AB werden ganz einfach erstellt; Im Programmpaket sind noch vielfältige Programme enthalten, die zu verschiedenen Bereichen im Mathematikbereich Übungen für Kinder anbieten.
Unterrichtsbeispiel: Zur Unterrichtsvorbereitung und zum Üben: A) Großes Aufgabenreservoir zur schnellen Erstellung und Variation individueller Arbeitsblätter mit Einbindung eigener Aufgaben. B) Möglichkeit zum Erstellen von Übungsprogrammen aus einer großen Auswahl von Aufgabenmustern:
Rechnen bis 20/100/1000/1 000 000 untergliedert, Vorgabe einer Lösungstaste ist einstellbar, falsche Lösungen werden gestrichen, richtige eingeblendet. Erarbeitung der Rechen-

verfahren muss bereits erfolgt sein! Außerdem enthalten: Mabble als Rechen-Domino-Spiel für 1–4 Personen mit Nutzung der Grundrechenarten, Bruch- und Prozentrechnen. Zusätzlicher Anreiz: Spielaufgaben. In Leasing-Schullizenz private Nutzung für Schüler enthalten, individuelle Steuerdateien mit Namen auf Diskette abzuspeichern. Vorschlag: Schriftliches Rechnen mit „Tutor", verschiedene Hilfestufen

Programm: Cesar Maus-Trainer
Verlag/Preis: Ces Verlag, Kleinschmidtstr. 39, 69115 Heidelberg; www.ces-verlag.de; EL: 9,95 Euro; ISBN 3-933651-05-0
Beschreibung: Übungsprogramm zum Erlernen des Mauseinsatzes.
In eigenem Tempo können in spielerischen Situationen bei angepassten Aufgabenstellungen verschiedene Mausaktionen erprobt und durchgeführt werden.
Ein wenig problematisch ist der schnelle Wechsel von der einfachen Mausbewegung (Fegen) zur Unterscheidung „rechte" und „linke" Maustaste.
An allen Grund- und Sonderschulen einsetzbar als Voraussetzung für den Unterricht mit Neuen Medien.

Programm: CatchMe 2.0
Verlag/Preis: www.lifetool.at/Demo.exe; ISBN 3-9501496-0-0
Beschreibung: Lern- und Übungsprogramm zur Wahrnehmung. Erstes Kennenlernen von Buchstaben, Zahlen, Farben und Formen. Gleichzeitig wird der Einsatz der Maus (Mausbewegung, linke Maustaste, Doppelklick, Ziehen) trainiert. Umfangreiche Anpassungsmöglichkeiten (z. B. Schriftart, Größe, Mausklick, Komplexität, Modus) können individuell und durch 3 Standardniveaus eingestellt werden. Wahrnehmungstraining; Visuelle Diskriminierung; Einsetzbar an Grund- und Sonderschulen im Eingangsbereich

Lizenzformen: EL = Einzellizenz, KL = Klassenraum, SL = Sch

11. Literatur

Aebli, H.: Zwölf Grundformen des Lehrens. Eine allgemeine Didaktik auf psychologischer Grundlage. Medien und Inhalte didaktischer Kommunikation. Der Lernzyklus; Stuttgart, Klett-Cotta, 1994

Amthauer, R., Brocke, B., Liepmann, D., Beauducel, A.: Intelligenz-Struktur-Test 2000 R (I-S-T 2000 R) Manual; Göttingen, Hogrefe, 2001

Angermaier, M.: Sprache und Konzentration bei Legasthenikern; Göttingen, Hogrefe, 1974

Birkel, P.: Weingartener Grundwortschatz Rechtschreib-Test für 3. und 4. Klassen (WRT 3+); Göttingen, Hogrefe, 1994

Birkel, P.: Grundwortschatz Rechtschreibtest für 4. und 5. Klassen (GRT4+); Weinheim, Beltz, 1990

Birkel, P.: Weingartener Grundwortschatz: Rechtschreib-Test für erste und zweite Klassen (WRT1+); Göttingen, Hogrefe, 1995

Birkel P (1994). Weingartener Grundwortschatz Rechtschreib-Test für zweite und dritte Klassen (WRT2+). Hogrefe, Göttingen.

Birkel, P.: Weingartener Grundwortschatz Rechtschreib-Test für dritte und vierte Klassen (WRT3+); Göttingen, Hogrefe, 1994

Brickenkamp, R.: Aufmerksamkeits-Belastungs-Test (d2), 9. Auflage; Göttingen, Hogrefe, 2002

Brügelmann, H.: Kinder auf dem Weg zur Schrift; Konstanz, Faude, 1983

Bulheller, S., Häcker, H.: Rechtschreibtest RST Neue Rechtschreibung; Frankfurt, Swets & Zeitlinger, 2001

Damm, H., Hylla, E., Schäfer, K.: Rechtschreibtest RST 8+; Weinheim, Beltz, 1965.

Dehaene, S.: Der Zahlensinn oder warum wir rechnen können. Von Anita Ehlers. Base!; Boston, Berlin, Birkhauser, 1999

Dehn, M.: Zeit für die Schrift. Lesenlernen und Schreibenkönnen; Bochum, Kamp, 1988

Deimel, W.: Diagnostik der Lese-Rechtschreibstörung in Legasthenie: Zum aktuellen Stand der Ursachenforschung; Herausgegeben von Schulte-Körne; Bochum, Dr. Winkler, 2002

Deutsche Gesellschaft für Kinder und Jugendpsychiatrie und Psychotherapie, Bundesarbeitsgemeinschaft Leitender Klinikärzte für Kinder- und Jugendpsychiatrie und Psychotherapie, Berufsverband der Ärzte für Kinder und Jugendpsychiatrie und Psychotherapie. Leitlinien zu Diagnostik und Therapie von psychischen Störungen im Säuglings-, Kindes- und Jugendalter; Köln, Deutscher Ärzte Verlag, 2003

Dilling, H., Mombour, W., Schmidt, M. H.: Internationale Klassifikation psychischer Störungen, ICD-10; Hans Huber, Bern, 1991

Dummer, L.: Diagnostische Möglichkeiten bei Lese- und Rechtschreibschwächen aktuelle Bedingungen im Schulsystem. In: Tests und Trends 5. Jahrbuch der Pädagogischen Diagnostik; Weinheim und Basel, Beltz, 1986.

Dummer-Smoch, L.: Die Diagnostischen Bilderlisten – Siebungsverfahren zur Früherkennung von Leselernschwierigkeiten im Leselernprozess; Kiel, Veris, 1993

Eysenck, Daum, Schugens & Diehl: Empathie items aus dem Impulsivitätsfragebogen von Eysenck; 1990

Fischer, G. H.: Einführung in die Theorie psychologischer Tests; Bern, Huber, 1974

Friedlmeier, W.: Entwicklung von Empathie, Selbstkonzept und prosozialem Handeln in der Kindheit; Konstanz, Hartung-Gorre, 1993

Frith, U.: Psychologische Aspekte des orthographischen Wissens. In: Augst, G. : New Trends in Graphemics and Orthographie; Berlin/New York, De Gruyter, 1986

Golitz, D., Roick, T., Hasselhorn, M.: DEMAT 4 Deutscher Mathematiktest für vierte Klassen; Göttingen, Beltz Test, 2005

Golitz, D., Roick, T., Hasselhom, M.: Deutscher Mathematiktest für vierte Klassen DEMAT 4; Göttingen: Hogrefe

Grissemann, H.: Zürcher Lesetest ZLT; Bern, Hans Huber, 2000

Grubitzsch, S.: Konstruktion psychologischer Tests: Von der Fragestellung zur Normtabelle. In S. Grubitzsch (Hrsg.), Testtheorie-Testpraxis. Psychologische Tests und Prüfverfahren im kritischen Überblick; Eschborn, Klotz, 1999

Grund, M., Haug, G., Naumann, C. L.: Diagnostischer Rechtschreibtest für 4. Klassen (DRT 4); Weinheim, Beltz, 1994

Grund, M., Haug, G., Naumann, C. L.: Diagnostischer Rechtschreibtest für 5. Klassen (DRT 5); Weinheim, Beltz, 1995

Hackethal, R.: Praxis zum Kieler Leseaufbau und Kieler Rechtschreibaufbau; Kiel, Veris, 1990

Haffner, J., Baro, K., Parzer, P., Resch, F.: Heidelberger Rechentest, Erfassung mathematischer Basiskompetenzen im Grundschulalter; Göttingen, Hogrefe, 2005

Halisch, F.: Empathie, Attribution und die Entwicklung des Hilfehandelns. In H. W. Bierhoff & L. Montada (Hrsg.), Altruismus. Bedingungen der Hilfsbereitschaft; Göttingen, Hogrefe, 1988

Hasselhorn, M., Schneider W., Marx H.: Diagnostik von Lese-Rechtschreibschwierigkeiten. In: Tests und Trends – Band 1; Göttingen, Hogrefe, 2000

Heller, K. A.: Begabungsdiagnostik in der Schul- und Erziehungsberatung. Bern, Huber, 2000

Heller, K. A., Perleth, C.: Kognitiver Fähigkeitstest für 4. bis 12. Klassen, Revision (KFT 4-12+ R) (3. Auflage); Göttingen, Hogrefe, 2000

Holz-Ebeling, F., Steinmetz, M.: Wie brauchbar sind die vorliegenden Fragebogen zur Messung von Empathie? Kritische Analysen unter Berücksichtigung der Iteminhalte. Zeitschrift für Differentielle und Diagnostische Psychologie, 16 (1); 1995

Jäger, G.: Erfolgreich beraten! Eine Beratungshilfe für Beratungslehrkräfte, Schulpsychologen, Lehrkräfte, Eltern und Schüler; Kulmbach, Baumann Didaktische Medien, 2007

Jansen, H., Mannhaupt, G., Marx, H., Skowronek, H.; Bielefelder Screening zur Früherkennung von Lese-Rechtschreibschwierigkeiten (BISC); Göttingen, Hogrefe, 2002

Kersting, M., Althoff, K.: Rechtschreibungstests (R-T); Deutsche Gesellschaft für Personalwesen; in Vorbereitung.

Kormann, A., Horn, R.: Screeningverfahren für Schul- und Bildungsberatung; Frankfurt am Main, Hartcourt, 2001

Kossow, H. J.: Zur Therapie der Lese-Rechtschreibschwäche; Berlin, Verlag der Wissenschaften, 1979

Krajewski, K., Ktispert, P., Schneider, W.: Deutscher Mathematiktest für erste Klassen (DEMAT 1+). Manual; Göttingen, Beltz Test GmbH, 2002

Krajewski, K., Liehm, S., Schneider, W.: Deutscher Mathematiktest für zweite Klassen (DEMAT 2+); Göttingen, Beltz Test, 2004

Krajewski, K.: Vorhersage von Rechenschwäche in der Grundschule; Hamburg, Kovac, 2003

Kubinger, K. D.: Einführung in die Psychologische Diagnostik; Weinheim, Beltz, 1996

Küspert, P., Schneider, W.: Würzburger Leise Leseprobe (WLLP); Göttingen, Hogrefe, 1998

Küspert, P., Schneider, W.: Hören, lauschen, lernen: Sprachspiele für Kinder im Vorschulalter. Würzburger Trainingsprogramm zur Vorbereitung auf den Erwerb der Schriftsprache; Göttingen, Vandenhoeck und Ruprecht, 1999

Küspert, P., Schneider, W.: Würzburger Leise Leseprobe (WLLP); Göttingen, Hogrefe, 1998

Landerl, K., Wimmer, H., Moser, E.: Salzburger Lese- und Rechtschreibtest (SLRT). Verfahren zur Differentialdiagnose von Störungen des Lesens und Schreibens für die 1. bis 4. Schulstufe; Bern, Hans Huber, 1997

Landerl, K., Wimmer, H., Moser, E.: SLRT – Salzburger Lese- und Rechtschreibtest; Bern, Hans Huber, 1997

Lauster, P.: Teste deine Intelligenz; München, Humboldt-Taschenbuchverlag, 1974

Lehmann, R. H., Peek, R., Poerschke, J.: Hamburger Lesetest für 3. und 4. Klassen, HAMLET 3-4; Weinheim, Beltz, 1997

Lehmann, R. H., Peek, R., Poerschke, J.: HAMLET 3–4. Hamburger Lesetest für 3. und 4. Klassen; Weinheim, Beltz, 1997

Lukesch, H.: Einführung in die pädagogisch-psychologische Diagnostik; Regensburg, Roderer, 1998

Marx, H.: Knuspels Leseaufgaben (KNUSPEL-L); Göttingen, Hogrefe, 1998

Marx, H.: Frühe Identifikation und Prädiktion von Lese-Rechtschreibschwierigkeiten: Bestandsaufnahme bisheriger Bewertungsgesichtspunkte von Längsschnittstudien. Zeitschrift für Pädagogische Psychologie, 6, S. 35–48, 1992.

May, P.: Hamburger Schreib-Probe (HSP); Hamburg, Verlag für pädagogische Medien, 2000

May, P., Malitzky, V., Vieluf, U.: Rechtschreibtests im Vergleich: Wie stellt man deren Güte fest und wie besser nicht? Anmerkungen zur Kritik von Tacke, Völker und Lohmüller an der HSP. Psychologie in Erziehung und Unterricht 48 (2), S. 146–152, 2001

Meindl, C.: Entwicklung und Validierung eines Fragebogens zur Erfassung von Empathie und seine Anwendung im Rahmen eines Empathietrainings; Universität Regensburg, Unveröffentlichte Diplomarbeit, Institut für Psychologie, 1998

Melchers, P., Preuß, U.: K-ABC Kaufman-Assessment Battery for Children. Frankfurt, Swets & Zeitlinger, 1991

Müller, R.: Diagnostischer Rechtschreibtest für 1. Klassen (DRT 1); Weinheim, Beltz, 1990

Müller, R.: Diagnostischer Rechtschreibtest für 2. Klassen (DRT 2); Weinheim, Beltz, 1997

Müller, R.: Diagnostischer Lesetest zur Frühdiagnose von Lesestörungen (DLF 1-2); Göttingen, Hogrefe, 1984

Müller, R.: DRT 3. Diagnostischer Rechtschreibtest für 3. Klassen; Weinheim, Basel, Beltz, 1997

Piaget, J.: Theorien und Methoden der modernen Erziehung; Frankfurt am Main, Fischer, 1974

Ranschburg, P.: Die Leseschwäche (Legasthenie) und Rechenschwäche (Arithmasthenie) der Schulkinder im Lichte des Experiments; Berlin, 1916

Rathenow, P.: Westermann Rechtschreibtest 4/5; Braunschweig, Westermann, 1979

Rathenow, P., Laupenmühlen, D., Vöge, J.: Westermann Rechtschreibtest 6+; Braunschweig, Westermann, 1980

Rathenow, P., Peh, D.: Test Grundanforderungen Rechtschreiben für die 1. und 2. Klasse (TGR 1/2); Braunschweig, Westermann, 1984

Raven, J. C., Court, J. H.: Standard Progressive Matrices (SPM), Harcourt Test Services, Frankfurt, 2005

Remschmidt, H., Schmidt, M.: Multiaxiales Klassifikationsschema für psychiatrische Erkrankungen im Kindes- und Jugendalter nach ICD 10; Bern, Huber, 1994

Reuter-Liehr, C.: Lautgetreue Rechtschreibförderung; Bochum, Winkler, 1993

Rieder, O.: Rechtschreibtest für 6. und 7. Klassen (RST 6-7); Weinheim, Beltz, 1992

Rost, J.: Lehrbuch Testtheorie-Testkonstruktion; Göttingen, Hans Huber, 1996

Samstag, K., Sander, A., Schmidt, R.: Diagnostischer Rechentest für 3. Klassen (DRE 3); Göttingen, Beltz Test GmbH, 1992

Saß, H., Wittchen, H. U., Zaudig, M.: Diagnostisches und Statistisches Manual Psychischer Störungen DSM-IV; Göttingen, Hogrefe, 1996

Schenk-Danziger, L.: Handbuch der Legasthenie im Kindesalter, Beltz Verlag, 1982

Schlee, J.: Legasthenieforschung am Ende?; München, Urban & Schwarzenberg, 1976

Schmidt, H.: Mehrdimensionaler Persönlichkeitstest für Jugendliche. Braunschweig, Westermann, 1981

Schneider, W., Roth, E., Küspert, P.: Frühe Prävention von Lese-Rechtschreibproblemen: Das Würzburger Trainingsprogramm zur Förderung sprachlicher Bewusstheit bei Kindergartenkindern. Kindheit und Entwicklung, 1999

Schneider, W.: Rechtschreiben und Rechtschreibschwierigkeiten. In F. E. Weinert (Hrsg.), Enzyklopädie der Psychologie; Serie Pädagogische Psychologie, Bd. 3: Psychologie des Unterrichts und der Schule (S. 327–363); Göttingen, Hogrefe, 1997

Schulte-Körne, G.: Das Marburger Rechtschreibtraining; Bochum, Dr. Winkler Verlag, 2001

Seitz & Rausche: Persönlichkeitsfragebogen für Kinder von 9 bis 14 (PFK 9-14): Items der Skalen „Bereitschaft zu sozialem Engagement“, „Selbsterleben von Unterlegenheit“ und „aggressives Bedürfnis nach Ich-Durchsetzung“; Göttingen, Hogrefe, 2004

Stern, E.: Die Entwicklung des mathematischen Verständnisses im Kindesalter. Lengerich, Pabst, 1998

Stern, E.: Früh übt sich – neuere Ergebnisse aus der Logik-Studie zum Lösen mathematischer Textaufgaben. In A. Fritz, G. Rieken & S. Schmidt (Hrsg.), Handbuch Rechenschwäche. Lernwege, Schwierigkeiten und Hilfen bei Dyskalkulie; Weinheim, Beltz, 2003

Strehlow, U., Haffner, J.: Definitionsmöglichkeiten und sich daraus ergebende Häufigkeit der umschriebenen Lese- bzw. Rechtschreibstörung – theoretische Überlegungen und empirische Befunde an einer repräsentativen Stichprobe junger Erwachsener. Zeitschrift für Kinder- und Jugendpsychiatrie und Psychotherapie 30 (2), S. 113–126; 2002

Tauscher, W., Jäger, G., Bauer, W.: Die Schulberatung – das Nachschlagewerk für Beratungslehrer, Schulpsychologen, Staatliche Schulberatung, Schulleitung und Schulaufsicht; Kulmbach, Baumann Didaktische Medien, seit 1988 überarbeitet

Tacke, G., Völker, R., Lohmüller, R.: Antwort auf die Replik von May, Malitzky und Vieluf zum Artikel „Die Hamburger Schreibprobe: Probleme mit einem neuen Rechtschreibtest". Psychologie in Erziehung und Unterricht 48 (2), 153–156; 2001b

Tacke, G., Völker, R., Lohmüller, R.: Die Hamburger Schreibprobe: Probleme mit einem neuen Rechtschreibtest. Psychologie in Erziehung und Unterricht 48 (2), S. 135–145; 2001a

Tewes, U., Rossmann, P., Schallberger, U.: Hamburg-Wechsler-Intelligenztest für Kinder HAWIK-III. Bern, Hans Huber, 2000

Valtin, R. (Hrsg.): Einführung in die Legasthenieforschung; Weinheim, Beltz, 1973

Warnke, A.: Sozialrechtliche Hilfen für Schüler mit Lese-Rechtschreibstörung: Kindheit und Entwicklung; 1999

Warnke, A., Roth, E.: Umschriebene Lese-Rechtschreibstörung. In F. Petermann (Hrsg.), Lehrbuch der klinischen Kinderpsychologie und -psychotherapie (4. Aufl.); Göttingen, Hogrefe, 2000

Warnke, A., Wewetzer, C., Hennighausen, K., Schulte-Körne, G., Remschmidt, H.: Neurobiologie der Legasthenie. Kindheit und Entwicklung; 1999

Weiß, R. H., Osterland, J.: Grundintelligenztest Skala 1 CFT 1, Göttingen, Hogrefe, 1997

Weiß, R. H.: Grundintelligenztest Skala 2 CFT 20; Göttingen, Hogrefe, 1998

Wimmer, H., Gruber, G., Magringer, H., Auer, M.: Salzburger Lese-Screening 5–8, Verlag Huber Bern, Göttingen, 2005

Wimmer, H., Landerl, K.: Lese-Rechtschreib-Schwächen. In D. H. Rost (Hrsg.), Handwörterbuch Pädagogische Psychologie; Weinheim, Beltz, 1998

Wimmer, H., Magringer, H.: Salzburger Lese-Screening 1–4; Verlag Huber Bern, Göttingen, 2003

www.wilfriedmetze.de

Zerahn-Hartung, C., Strehlow, U., Haffner, J., Pfüller, U., Parzer, P., Resch, F.: Normverschiebungen bei Rechtschreibleistungen und sprachfreier Intelligenz. Praxis der Kinderpsychologie und Kinderpsychiatrie 51, 2002

Zielinski, W.: Lernschwierigkeiten – Verursachungsbedingungen, Diagnose, Behandlungsansätze; Stuttgart, Kohlhammer, 1980